企→业→日→常→管↓理←系←列←丛←书

新产品运营管理常见问题清单

俞挺
编著

地震出版社
Seismological Press

图书在版编目（CIP）数据

新产品运营管理常见问题清单 / 俞挺编著 . -- 北京：地震出版社，2021.8
（企业日常管理系列丛书 / 陈明星主编）
ISBN 978-7-5028-5227-6

Ⅰ.①新… Ⅱ.①俞… Ⅲ.①企业管理—产品管理—运营管理 Ⅳ.① F273.2

中国版本图书馆 CIP 数据核字 (2021) 第 092400 号

地震版　XM4549/F（6081）

新产品运营管理常见问题清单

俞挺　编著
特约编辑：段会敏　张灵芝
责任编辑：李肖寅
责任校对：凌樱

出版发行：地震出版社
　　　　　北京市海淀区民族大学南路 9 号　　　邮编：100081
　　　　　　发行部：68423031　　68467991　　传真：88421706
　　　　　　总编室：68462709　　68423029
　　　　　　证券图书事业部：68426052
　　　　　　http：//seismologicalpress.com
　　　　　　E-mail：zqbj68426052@ 163.com

经销：全国各地新华书店
印刷：北京柯蓝博泰印务有限公司

版（印）次：2021 年 8 月第 1 版　2021 年 8 月第 1 次印刷
开本：710×960　1/16
字数：277 千字
印张：15.75
书号：ISBN 978-7-5028-5227-6
定价：48.00 元

版权所有　翻印必究

（图书出现印装问题，本社负责调换）

编辑委员会

主编：陈明星
编委：邓之梅　刘中洋　俞　挺　曾贤锋
　　　许　强　朱慧俐　郭汉尧　陈志权
　　　陈竹妹　邱志洋　沈　杰　邱翠萍
　　　杜　猛　杨莎莎　徐小花　颜　阳
　　　余棉红　邓孜青

前 言
PREFACE

常言道:"不想当将军的士兵不是好士兵!"每个人都应该有自己的职业追求,将自己锻炼成为一名出色的职场精英。有了目标,工作起来才有劲头,才会让自己获得长足的发展。

工作就是在解决问题,而解决问题的水平则体现了一个人工作能力的高与低。如何在日常工作中,通过解决每个实际问题而不断提升自己的工作能力,是每个人晋升和自身发展亟待解决的问题!为此,我们特别编写了"企业日常管理系列丛书"。

该丛书包括:《财务工作常见问题清单》《采购管理常见问题清单》《仓储管理常见问题清单》《新产品运营管理常见问题清单》《供应链管理常见问题清单》《行政工作常见问题清单》《绩效管理常见问题清单》《客户服务常见问题清单》《企业资本运营常见问题清单》《人力资源工作常见问题清单》《商品配送管理常见问题清单》《生产管理常见问题清单》《物流服务常见问题清单》《销售团队管理常见问题清单》《促销管理常见问题清单》《项目运营常见问题清单》《国际贸易管理常见问题清单》《大客户销售常见问题清单》共18本,通过对日常工作常见的问题和容易忽略的细节问题进行了梳理,并在整体上架构了不同职位人士的日常工作模型,让每一项工作一目了然,细节无遗漏,工作不失误。读者可以根据所需即查即用,轻松解决工作问题。

本系列丛书有如下特点:

第一,能帮助我们重新梳理自己的工作问题,让工作脉络更加清晰。

第二,能帮助我们加深对每项工作的理解,既有针对工作问题的规范性操作,也有经验性的总结,两者的完美结合对工作问题的解决起到事半功倍的效果。

第三,每项工作问题都设有工作场景描述,读者可以根据工作需要,随时即查即用,少了在漫天的文字中间寻找答案,非常实用、方便。

新产品运营管理常见问题清单

第四，通过本系列丛书的学习，帮助我们养成总结工作经验的习惯。

第五，引导我们形成"问题导向"的工作意识，从此进入自我提升的快车道。

本系列丛书认真选取了当下企业中的热点职位及部门，从日常工作的实际问题出发，针对每个工作问题进行了思路拓展性的解读与分析，给出了经验性的总结阐述，改善从业者的当前工作局面，为从业者搭建起工作能力提升的可靠阶梯，也为相关专业工作人员全面提升业务水平提供了可借鉴的学习读本。

互联网经济模式，改变了产品周期与生态，使得产品的迭代周期越来越短，甚至不同的产品每年、每季度都在更新。如华为手机的周期迭代，各大汽车企业每年推出新款产品等。在新经济模式背景下，产品经理、产品部门、产品管理业已成为企业组织架构中的"红人"，甚至有人提出"人人都是产品经理"，产品经理的概念已经深入各行各业，包括文化创意行业、服务行业、生产制造类企业等覆盖所有提供产品、提供服务的企业。

本书倡导"新产品运营工作清单式管理"，以"新产品运营工作常见问题"为主题展开，全面梳理新产品运营工作中的常见问题，嵌入"问题导向"的思维意识，重新定义每一项新产品运营工作，并通过操作规范指导与工作经验提示相结合的阐述方式，全面悉数新产品运营工作的关键点。这必将有效提高我们的工作效率，减少工作失误。

这是一本揭开新产品运营管理工作"问题导向"的思维方法书。读者朋友可以对照新产品运营工作中的常见问题，即查即用。

本系列丛书在编写过程中，得到相关从业者及工作伙伴的大力支持和配合，在此一并表示感谢！

目 录

CONTENTS

第 1 章　新产品开发阶段常见问题

1.1　如何顺利完成新产品开发的战略规划 …………………003
1.2　如何应对新产品开发战略规划中的风险 ………………005
1.3　如何确定新产品开发的战略目标 ………………………008
1.4　如何选择新产品开发的战略模式 ………………………011
1.5　如何建立新产品开发的组织机构 ………………………013
1.6　如何通过建立战略业务单位来开发新产品 ……………015
1.7　如何确定新产品的层次 …………………………………017
1.8　如何进行产品组合及产品线分析 ………………………019
1.9　如何确定新产品开发的产品线长度 ……………………021
1.10　如何确定新产品开发市场创意需求 …………………024
1.11　如何确定新产品开发产品创意需求 …………………027
1.12　如何获取新产品开发创意来源 ………………………029
1.13　如何对新产品开发创意进行商业分析 ………………031
1.14　如何对新产品开发创意进行技术分析 ………………032
1.15　如何对新产品开发的创意计划进行审议 ……………035
1.16　如何完善新产品开发的创意 …………………………036
1.17　如何掌握新产品开发的品牌设计原则 ………………038

1.18　如何确定新产品的品牌战略 …………………………… 040

1.19　如何建立新产品开发的情报系统 …………………………… 042

1.20　如何建立新产品市场营销调研的程序 …………………………… 044

1.21　如何建立新产品开发的营销程序 …………………………… 048

1.22　如何开展新产品开发的关系营销 …………………………… 052

1.23　如何进行新产品开发的环境因素分析 …………………………… 056

1.24　如何进行新产品开发的资源因素分析 …………………………… 059

1.25　如何进行新产品开发的市场因素分析 …………………………… 062

1.26　如何进行新产品开发的竞争因素分析 …………………………… 064

1.27　如何进行新产品开发的领导层因素分析 …………………………… 066

1.28　如何进行新产品开发的进度因素分析 …………………………… 068

1.29　如何招募新产品开发的各种人员 …………………………… 070

1.30　如何对新产品经理提出要求 …………………………… 073

1.31　如何做好新产品开发人员的培训 …………………………… 074

1.32　如何对新产品开发人员进行绩效考评 …………………………… 077

1.33　如何提升新产品开发人员的绩效 …………………………… 079

1.34　如何确立新产品开发人员的薪酬制度 …………………………… 081

第 2 章　新产品市场定价阶段常见问题

2.1　如何按照正确的程序为新产品定价 …………………………… 085

2.2　新产品定价涉及的因素 …………………………… 086

2.3　如何进行新产品的价位因素分析 …………………………… 090

2.4　如何确定定价原则 …………………………… 092

2.5　如何进行定价目标的选择 …………………………… 094

2.6　如何以利润为导向选择定价目标 …………………………… 096

2.7　如何以销售为导向选择定价目标 …………………………… 097

2.8　如何以竞争为导向选择定价目标 …………………………… 099

2.9 如何以树立企业形象为导向选择定价目标 …… 100
2.10 如何以企业生存为导向选择定价目标 …… 102
2.11 如何选择新产品的定价方法 …… 103
2.12 如何区分各种成本 …… 107
2.13 如何计算工业企业的产品成本 …… 109
2.14 如何计算商业产品的成本 …… 111
2.15 如何计算产品的市场营销成本 …… 113
2.16 如何确定产品价格中的利润 …… 115
2.17 如何计算产品价格中的税金 …… 116
2.18 如何选择新产品的定价策略 …… 118
2.19 如何掌握新产品的定价技巧 …… 127
2.20 如何理解定价战略与市场需求的关系 …… 130
2.21 如何把握外部环境因素对定价决策的影响 …… 132
2.22 如何确定企业内部因素对定价决策的影响 …… 135
2.23 如何把握对企业定价有用的信息 …… 136
2.24 如何收集价格信息 …… 138
2.25 如何对价格信息进行加工处理 …… 140
2.26 如何确定价格预测的内容 …… 142
2.27 如何进行价格预测 …… 143
2.28 如何测量价格的敏感性 …… 145
2.29 如何用定性的方法进行价格预测 …… 148
2.30 如何用定量的方法进行价格预测 …… 150
2.31 如何使用成本加成定价法 …… 152
2.32 如何使用目标利润定价法 …… 154
2.33 如何使用边际成本定价法 …… 155
2.34 如何使用认知价值定价法 …… 156
2.35 如何使用价值定价法 …… 159

2.36　如何使用通行价格定价法 …………………… 160

2.37　如何使用增量成本定价法 …………………… 162

2.38　如何使用密封投标定价法 …………………… 164

2.39　如何针对产品生命周期的不同阶段进行定价 ……… 166

2.40　如何进行差别定价 …………………………… 169

2.41　如何进行动态定价 …………………………… 171

2.42　如何进行零定价 ……………………………… 173

2.43　如何为互联网销售产品定价 ………………… 176

2.44　如何选择提价时机 …………………………… 179

2.45　如何进行提价 ………………………………… 181

2.46　如何降低顾客对提价的抵触情绪 …………… 183

2.47　如何进行降价 ………………………………… 184

2.48　如何避免降价风险 …………………………… 186

2.49　如何进行价格折扣和折让 …………………… 188

2.50　如何预测消费者和竞争对手对价格变动的反应 …… 191

2.51　如何应对价格战 ……………………………… 193

第3章　新产品市场推广阶段常见问题

3.1　如何突出产品的差异化优势 ………………… 199

3.2　如何制订产品生命周期战略 ………………… 202

3.3　如何制订各个阶段的营销战略 ……………… 204

3.4　如何分析影响销售渠道的原因 ……………… 209

3.5　如何进行销售渠道的设计 …………………… 211

3.6　如何选择渠道的结构 ………………………… 215

3.7　如何利用新的渠道 …………………………… 219

3.8　如何确定中间商的类型 ……………………… 220

3.9　如何制订正确的物流策略 …………………… 224

3.10 如何利用包装突出品牌 …………………………… 227

3.11 如何利用标签突出品牌 …………………………… 230

3.12 如何编制新产品的广告预算 ……………………… 231

3.13 如何做好广告媒体的选择 ………………………… 233

3.14 如何合理安排媒体的播出时间 …………………… 234

3.15 如何做好广告效果的评估 ………………………… 237

第1章
新产品开发阶段常见问题

随着市场竞争的日益激烈，市场对产品的要求也日趋多样化。在这样的背景下，企业必须顺应潮流，紧跟趋势，敏锐地察觉出市场的最新需求，不断挖掘市场的潜在需求，设计出符合市场需求的新产品。那么，企业究竟应该从哪些方面着手新产品的开发，又如何对众多创意进行筛选呢？本章将从新产品开发的创意需求、来源等方面进行分析，帮助企业更好地选择和完善创意。

1.1 如何顺利完成新产品开发的战略规划

> **工作场景描述**
> 当企业把新产品开发的战略规划提上日程时,可查看。

解读与分析

实施新产品开发的战略管理,首先要做好新产品的战略规划。新产品战略规划是指包括新产品战略规划的地位、新产品战略规划过程和形成方式等一系列计划在内的设计和安排。

1. 新产品的战略规划在企业战略规划体系中的地位

一般来讲,企业的战略规划包括以下四个方面。

(1)企业总体战略规划。针对的是企业的整体目标,企业在这一规划层次主要关心的是企业的收益增长率和利润总额。这一层次的战略主要集中于企业的经营业务和总的发展战略。该层次的战略资源要考虑到所有的业务。企业总体战略规划的优势体现在,企业能够集中人力和物力以及财力来进行研发活动,并使得各个业务部门共同分享所有的资源和技术,充分保证协调的灵活性。

(2)企业的业务战略规划。针对的是企业的产品和市场目标,这一战略规划会受企业总体战略规划的约束和影响。这一层次的战略规划主要集中于企业的产品和市场的业务发展情况。该层次的战略资源主要体现在负责产品和市场的业务部门中。企业的业务战略规划的优势体现在各个业务部门之间分享不同的资源,形成不同的业务能力,就是说这一层次的竞争战略的针对性比较强。

(3)企业的销售战略规划。针对的是特定的产品和市场目标。由于这一战略规划层次位于企业的总体战略规划和业务战略规划之下,因此就会受到以上两个层次的战略规划的牵制。这一层次的战略规划主要集中在目标市场,瞄准的是产品线的长度、广度和深度。该层次的战略资源要从所有的业务中加以考虑。企业的销售战略规划的优势体现在，有着强大的营销组合作为后盾，产品定位十分明确。

（4）企业的新产品战略规划。既包括企业的发展目标，也包括企业的市场目标，还包括企业其他方面的特殊目标。这一层次的战略规划主要集中于企业的战略竞争领域。企业应对产品的技术和用途以及顾客的利益给予充分的关注。该层次的资源规划按照开发的新产品项目类别和竞争领域进行分配。企业的新产品战略规划的优势体现在，新产品开发人员可以按照开发新产品的需求来调配所需的人力、物力以及技术资源，能够赢得开发新产品的歧异化（专门化）优势。

由此可见，企业的新产品战略规划贯穿于企业总体战略规划、业务战略规划以及销售战略规划三个层次中。从这个意义上说，企业的新产品战略规划并不是一个独立的战略规划。

2. 新产品战略规划的形成方式

新产品战略规划的形成方式有两种：一种是自上而下的战略规划方式，一种是自下而上的战略规划方式。

（1）自上而下的新产品的战略规划，可以满足需求方的要求。它是指由企业的高层管理人员表明企业的经营意图，明确新产品开发的方向，制订出新产品战略，并提出新产品开发的相关要求。

采用这种战略形成方式的产品主要有改进型的产品、不需要基础研究的产品和一些技术含量低的产品。

（2）自下而上的新产品的战略规划，使得产品的供给能够呈现多样化的趋势。它是指由新产品开发人员向上层的管理人员提出新产品或者新技术开发的有关建议，并且提出可行性研究报告，以帮助管理人员在此基础上形成新产品的战略思想和规划。

3. 新产品的战略规划过程

企业新产品的战略规划过程，体现了企业的高层管理人员和研发人员之间的全面互动，是企业所有人员群策群力的结果。采用这种战略规划形成方式的产品，主要有高技术含量的新产品、需要应用研究或者基础研究的新产品和全新的产品等。整体战略规划过程主要有以下四步。

（1）部门沟通阶段。企业高层管理者对企业发展目标、组织架构及市场竞争形势等公司发展核心问题做梳理和表述。产品研发人员提出新产品开发的相关方案，管理者将新产品开发方案与企业发展目标相融合，最终与研发人员达成发展方向的共识。

（2）市场调研与产品开发计划的衔接。对目标市场做深入的调查，客观、科学、如实地反映市场情况，并形成调查报告。研发人员对新产品特色、顾客需求点等产品问题做详实梳理，并将新产品开发亟待解决的问题及需要企业提供支持等问题一一列出，并将两方面的问题形成报告呈报。

（3）定期召开工作会议。以调查数据报告和新产品开发相关问题为依据，进行会上讨论，包括对落实主要问题的解决方案，市场竞争形势与新产品开发策略分析，市场收益预测及其他主要问题，均做落实性讨论。

（4）战略规划形成。通过系统的沟通与研究，最后形成包括战略目标、战略规划、战略竞争领域、替代方案、跟踪计划、应急计划等方面的可操作性、指导性强的战略规划方案。

关键点提示

把握新产品开发的战略规划要点有：

1.新产品的战略规划在企业战略规划体系中的地位；2.新产品的战略规划的形成方式；3.新产品的战略规划过程。

1.2　如何应对新产品开发战略规划中的风险

工作场景描述

当新产品的战略规划触及未知的不确定因素的影响时，可查看。

企业在进行新产品开发的战略规划过程中，应当注意以下一些问题。

1. 明确认识机会和风险

企业在开发新产品的过程中，一定要尽量保持风险最小化。但是寻求风险最小化并不等于消极地回避风险。正好相反，消极地回避风险只能使得企业最终承担更大的和极为不合理的风险。毕竟，风险并不是行动的基础，只是行动的制约因素。企业应当根据机会最大化原则来决定行动。一般来讲，机会分为以下三种。

（1）附加性机会。是指企业在完全开发存量资源的基础上，通过增加产品品种进入新的有潜力的市场。附加性机会没有高度优先性，而且给企业带来的收入有限，不过其优势在于风险相对较小。

（2）互补性机会。是指提供某种新的东西与企业原有的产品相结合，使得产生的整体收益大于部分收益。互补性机会需要企业最少在一门新的知识领域里具有领先的地位。互补性机会总是伴随一定的风险，这就要求企业在充分考虑风险的基础上决定是否愿意和能够转变自己，并以此建立起新的竞争优势。

（3）突破性机会。需要企业取得某种突破性进展并能够确保为企业带来额外的收益，它要求企业付出相当大的努力。为了寻求突破性机会，企业往往需要投入最好的资源，尤其是人力资源。不仅如此，突破性机会还要求企业进行大量的研究开发工作，甚至要求企业做昂贵的资本投资，因而对企业来讲，其风险是相当大的。

对企业的风险也可以进行如下分类。

（1）企业与生俱来的必须承担的风险。任何一家企业要存活，都必须承担一定的风险，如果说一家企业完全在无风险运营，无疑是在自欺欺人。

（2）企业能够承担的风险。是指在企业寻求一个机会时，有可能会白白耗费所投入的资金和资源，这类风险还在企业所能够承受的范围之内。

（3）企业承担不起的风险。对企业来讲，如果寻求成功的机会，就需要投资，若能获得成功，扩大投资也理所当然。但如果企业缺乏进一步投资的资金，就会失去成功的机会，这就是企业承担不起的风险。

（4）企业不得不承担的风险。往往会出现在企业对突破性机会的追求中，同时也伴随着高额的回报。

建议企业将机会和风险结合起来，并且按照以下原则进行考虑。

（1）将机会最大化放在首位，而不是将风险最小化放在首位。

（2）将所有的机会综合起来做系统性考虑，不能片面地考虑一种机会。

（3）具体问题具体分析，找到企业的机会和风险的平衡点。

（4）明确改善是一种暂时的措施，从长期来讲，企业应该着眼于创新和根本性内容的改变。

2. 明确经营结构，保持综合平衡

（1）专门化。是指每个企业都有一个专长的领域。可以说，每个企业都是特殊的，甚至每一种产品都是特殊的。战略上提到的产品歧异化，表达的就是专门化的意思。企业都希望能够从专有的领域获取最大的收益。对任何一个企业来讲，都应该具有竞争者所不能超越的核心资源。这种核心资源常常能够给企业带来惊人的凝聚力，使得企业的管理者实行更为有效的管理，为企业的发展带来无限生机。

（2）多角化。是指企业增加与目前业务无关的富有吸引力的业务。需要指出的是，专门化和多元化并不矛盾。任何企业所进行的新产品开发，既不可能仅仅在专门的领域内进行，也不可能实行完全的多角化。完全单一化的生产很难使企业形成自身的竞争优势，而完全的多元化又不便于企业的统一管理和协调。

（3）一体化。是指企业建立或者收购与目前产品业务有关的业务，包括后向一体化、前向一体化和水平一体化。

综上所述，企业在进行战略规划的过程中，一定要平衡机会和风险，选择适合本企业的新产品开发模式。

关键点提示

企业在进行新产品开发的战略规划过程中，应当考虑的问题是：

1.明确认识机会和风险；2.明确经营结构，保持综合平衡。

1.3 如何确定新产品开发的战略目标

> **工作场景描述**
> 当企业为新开发的产品确定战略目标时,可查看。

解读与分析

企业开发新产品的战略竞争领域,一般都会有多个目标。按照这些目标的指向,可以将其分为三大类。

1. 发展型目标

这类目标涉及企业的销售额和利润率。企业制订这类目标,旨在促进未来销售额和利润的增长,并增强企业未来的竞争力。按照这类目标的进展快慢程度,可以将其划分为以下四种。

(1)迅速发展型。这类目标要求企业迅速开发出新产品,并迅速将开发出来的新产品投放到市场,让企业尽快扩大生产规模,以更快的速度占领新的市场。对于那些能够迅速成长的市场和产品来讲,由于其得到回报的概率会大于那些成长相对缓慢的市场和产品,因此,将这一类的产品定位在迅速发展型是较为合适的。

总之,这类目标的最大特征就是"求快"。在整个新产品的开发过程中,企业都应该保持一种"闪电式"的作风。

(2)受控发展型。这类目标不像迅速发展型目标那样要求新产品开发企业以速度取胜。这类目标从节省投资和降低风险的角度出发,要求企业逐步开发出新产品,扩大企业的生产规模,从而占领更大领域的市场。这类目标与迅速发展型目标相比,显得更为人性化。它不再一味地追求速度,而是将市场的接受程度列入企业的考虑范围,要求企业开发新产品的速度与市场可以接受的程度相适应,与市场的竞争状况相适应。

总之,这类目标的最大特点就是"求稳",要求企业在稳定中发展。因此,对于那些不愿意承担高风险的企业来讲,受控发展型目标是一个不错的选择。

（3）维持现状型。这类目标旨在对现有的产品进行持续地改进。它通过对开发的新产品所做的持续而有效的更新，维持新产品开发企业的竞争力。

总之，这类企业的最大特点就是"求保"，它是那些安于现状的企业的追求目标，适用于一些变动不是很大的新产品的开发。

（4）受控收缩型。如果说前几类目标还有一个"发展"的字眼可以紧紧跟随，受控收缩型目标的最大特征则可以表述为"不求上进"。那些以受控收缩型为新产品开发目标的企业和那些定位在受控收缩型目标的新产品，都面临着开发资金随时会被抽回的危险。企业会根据本企业发展的需要，将抽出来的资金用于其他领域的业务。受控收缩型目标在传统领域的新产品开发活动中比较常见。

2. 市场型目标

随着新产品开发机制的日益成熟，企业开发新产品的能力将得到一步步提升。这样新产品投放市场会很快赢得自身的竞争优势，而新产品竞争优势的增强又会使得其在未来市场的地位得到提升。由此可见，新产品开发企业想要确定本企业的市场目标，可以参照对企业构成竞争威胁的大小来判断。比较常见的新产品开发的市场目标分为以下四种。

（1）以开拓新的市场为目标。如果原来的产品市场需求已经趋于饱和状态，这时再花很多的精力去开发市场准入难的产品，实在是一件费力不讨好的事。正是考虑到这个原因，许多企业将市场目标定位在开拓新的市场上。这些企业通过开发全新的产品来创造新的市场机会，占领新的市场。这类市场目标的特征可以概括为"求拓"。

（2）以提高市场占有率为目标。如果原来的产品市场还存在很大的利润空间，企业就没有必要开发全新的产品，因为利用原来市场中成熟的竞争力远比培养一种新的竞争力方便得多。这类目标是一种进攻型的市场目标。企业通过开发那些创新程度大或者差别优势相对大的新产品，或者是开发竞争对手的替代产品来争夺市场份额，从而达到提升企业市场占有率的目的。这类市场目标的特征可以概括为"求升"。

（3）以维持市场占有率为目标。这类目标不像以上两种目标那样"咄咄逼人"，它旨在维持本企业在市场上的占有率，而不是与竞争者争夺地盘。这类是防御型的市场目标，新产品开发企业主要通过开发替代型的新产品来维持产品在市场上的竞争力，保持市场份额。这类市场目标的特征可以概括为"求保"。

（4）以放弃市场占有率为目标。如果原有的产品市场已经不再适合企业对其做进一步的投入，企业可以毅然决然地将其放弃，转而进行其他领域的业务计划。企业不应该把精力浪费在衰落的、过时的业务上。通过放弃那些不再具备成长潜力的产品业务，企业可以释放其所需的资源和减少成本，将注意力集中在那些更具发展前景的业务单元上。这类市场目标的特征可以概括为"求弃"。

3. 其他特殊目标

除了以上所提到的发展目标和市场目标外，企业新产品开发时也可以考虑一些特殊的目标。

（1）以改善或者提高企业的形象为目标。以改善或者提高企业的形象为目标，可以为企业的文化建设做出贡献，特别是对于那些文化建设已经到了"痛苦边缘"的企业来讲，更应该重视开发新产品过程中这一目标的作用。

（2）以提高产品质量为目标。许多企业十分重视新产品开发过程中的质量问题，甚至成立专门的"品管小组"来督查产品质量。而且，越来越多的成功企业的经验中都体现了高质量的产品所带来的收益。因此，开发新产品的企业可以将提高产品质量视为企业的特殊目标。企业一旦设定这样的目标，就要使企业开发出来的新产品符合一定的质量标准，处于同类产品的高端位置。

（3）以多元化经营为目标。这类目标要求企业具备成功组合业务的能力。多元化经营按照开发的新产品的取向分为纵向多元化、横向多元化和同心多元化等多种形式。纵向多元化是指企业跨过现有的生产领域来开发与企业现有的产品和技术毫无关联的新产品。横向多元化，指的是企业开发与现有的产品在技术上关联度不大的新产品，以满足现有顾客的新的需要。同心多元化，指的是企业开发出与现有的产品和技术有协同关系的新产品。企业可以根据自身发展需要来选择适合本企业的多元化经营模式。

（4）以开发季节性调整的新产品为目标。这类目标的设定是为了避免由于季节的变化而使企业产生销售的波动，从而保证企业流动资金的正常运转。

综上所述，企业开发新产品的战略目标会有很大的差异，有时甚至会有很大的冲突。任何一家企业都不可能同时将以上的所有目标收归囊中，因此企业必须根据自身的特点和发展前景选择其中一种或者多种战略目标。

> **关键点提示**
>
> 新产品开发的战略目标有：
> 1.发展型目标；2.市场型目标；3.其他特殊目标。

1.4 如何选择新产品开发的战略模式

> **工作场景描述**
>
> 当企业对新产品开发的战略模式不太确定时，可查看。

解读与分析

企业新产品开发的战略规划和战略目标的不同组合，可以形成不同的新产品开发战略模式。按照对企业资源要求和风险程度的不同，新产品开发战略模式分为以下三种。

1. 定位型战略模式

新产品的定位型战略又称维持现有地位的战略或者是防御战略。新产品定位型战略模式的主要特征如下。

（1）基本思路是，企业有选择地开发一些风险程度较小的，或者说是能控制风险的新产品，来保持企业的现有市场和竞争能力。

（2）创新来源是以市场营销活动所带来的信息为主。

（3）选择杠杆性创新和模仿性创新。杠杆性创新能够带来新的结构和特点，开发风险较小。模仿性创新也分两种。一种是利用市场的区域优势或者特定的市场特许权来模仿开发出新的产品。这种创新模式可以避免由于大量模仿者的进入而引起的竞争危机。另一种是低成本模仿，也就是以比原来产品更低的生产成本进行模仿。模仿型创新需要企业具备一些适用的条件。例如，要求企业能够生产灵活，拥有迅速复制产品的能力以及将开发出来的新产品迅速投放市场的能力等。

（4）敏捷反应型和缓慢反应型的市场进入时机。

敏捷反应型的市场进入时机指的是紧跟率先成功的企业，以第二或者紧随其后的反应迅速进入市场。这种战略市场的风险较小，促销费用也较少，但对企业的要求很高。它要求企业具有较强的反应和开发能力。该战略模式的重点在于大力宣传品牌，与先前进入的产品进行差别化竞争。

缓慢反应型的市场进入时机，指的是在新产品的市场反应已经很明显后才决定进入市场。这种战略只适用于市场发展潜力大或者需要进一步改进产品的情况。该战略要求企业具有低成本的生产能力和某些特许权扩充的能力。

（5）竞争领域主要由产品和顾客群组合来界定。

（6）战略目标主要是维持企业原有产品的市场占有率和利润水平。

2. 进取型战略模式

进取型战略模式的主要特点如下。

（1）基本思路是，企业不受现在已有资源和产品的限制，主动创新，成为市场上新产品的领先者或者是紧跟者，以此来获得高额的市场回报。

（2）强调创新，力图在一定的可以控制范围内以高风险来换取高收益。但由于进取型战略对投入开发新产品的资源有一定的限制，所以该战略的风险是可以控制的。

（3）创新来源主要是市场营销和技术开发。

（4）创新程度主要采用先导型和适应型。

技术性的突破一般应用于开拓新的业务领域，开发成本较高，风险也较大。应用技术是风险最小的新产品开发。适应型的创新要求企业有敏捷的市场反应速度、较强的技术开发能力和较多的研发费用，并且要求企业开发的新产品不易被竞争对手模仿，而且顾客也愿意为开发的新产品支付相当高的价格。

（5）进入时机以率先进入市场和对市场变化有敏捷反应为主。率先进入市场能够引导消费，迅速抢占市场的制高点。但这种进入时机特点是风险大，企业一方面需要投入大量的资金和资源来开发新产品，另一方面又需要担负起昂贵的营销费用。

（6）竞争领域主要是通过产品的最终用途和技术组合来确定。

（7）目标是增加产品的销量和提高市场占有率。

3. 冒险型战略模式

冒险型战略模式的特点如下。

（1）基本思路是，企业敢于突破现有条件和市场的限制，投入大量的资源开发具有高风险的新产品，以此获得长足的发展。

（2）要求企业有强大的技术、资金和营销等各方面雄厚的资本做后盾。

（3）创新主要来源于技术收购和许可证贸易。

（4）创新程度以技术性突破或者杠杆性创造为主。

（5）投放时机以率先进入市场为主。

（6）竞争领域主要通过产品的最终用途和顾客群的组合来确定。

（7）目标是使企业在市场上取得快速发展，大幅度提高新产品的市场占有率。

综上所述，企业对每一种战略模式的选择，都要在维持战略内容整合性的基础上，结合企业的风险和实力来考虑。

关键点提示

新产品开发的各种战略模式有：

1.定位型战略模式；2.进取型战略模式；3.冒险型战略模式。

1.5 如何建立新产品开发的组织机构

工作场景描述

当企业对新产品开发组织结构中的人员进行分工时，可查看。

解读与分析

为了实现新产品开发过程的有效管理，企业的高层管理者应该合理地安排新产品开发的组织机构。那么，究竟应该如何安排其组织结构呢？以下是五种比较常见的方式。

1. 产品经理

许多企业将开发新产品的任务交给该企业的产品经理。

（1）采用这种制度对产品经理的要求如下：

①明确开发新产品应该达到的获利目标；

②明确新产品开发的战略；

③明确新产品开发的系统方法和模式；

④与其他部门进行有效的合作和沟通；

⑤要有明确的职责分工；

⑥尽量避免对失败产品的过度投资。

（2）这种制度的优点如下：

①产品经理的职责明确；

②有专门的人员对新产品线加以关注；

③新产品的开发能够始终以顾客为导向。

（3）这种制度的不足之处如下：

①产品经理往往会忙于管理原来的生产线，而没有时间顾及新产品的研发；

②产品经理往往缺乏开发新产品所需的专有技能和知识；

③产品经理不愿意在新产品的开发上进行较大规模的投资。

2. 新产品经理

新产品经理是专职负责新产品开发的管理者，他向产品经理汇报情况，隶属产品经理，是产品管理小组中的一员。

这种设置方式的优点在于，能使开发新产品的功能专业化。另外，该制度也有其不利的一面，即新产品经理的工作仅仅局限在他们产品的市场范围内，所进行的努力也只是产品的改进和产品线的扩展。

3. 新产品委员会

新产品委员会是指在企业内部设立一个高层管理委员会，由该委员会负责审核新产品开发的相关建议。产品经理在委员会中担任协调的角色。

4. 新产品开发部

一般的大型企业都设有新产品开发部，该部门的主管拥有实权并且与高层管理者密切接触。新产品开发部的主要职责包括产生和筛选新的创意，指挥和协调新产品的开发工作，并且将新产品进行实地试销和商品化。

5. 新产品开发组

有的企业将新产品开发的主要工作指派给新产品开发组。新产品开发组的成员由各个业务部门的人员组成，只负责将一种特定的产品引向市场。这种制度设置类似于项目管理小组的方式，所有新产品开发组的成员都暂时解除其他职务，由其上层管理者重新安排工作，同时给予其一定的预算和时间限度。新产品开发组的任务是指挥企业指派的员工开发一项新产品或者完成一项新的业务。

综上所述，每一种组织结构的安排都各有利弊，企业应该慎重选择最适合本企业的组织结构安排。

关键点提示

新产品开发的组织机构设置方式有：
1.产品经理；2.新产品经理；3.新产品委员会；4.新产品开发部；5.新产品开发组。

1.6 如何通过建立战略业务单位来开发新产品

工作场景描述
当企业的新产品开发涉及新产品的不同战略时，可查看。

解读与分析

企业不可能只局限在经营一种或者少数几种产品的业务上，大多数企业会同时经营多种业务，以分担经营风险。不同的业务单位都面临一个管理的问题。从战略的角度来看，不同的产品业务意味着不同的战略。新产品开发企业可以将待开发的新产品分成不同的战略业务单位来管理。战略业务单位按照市场份额和市场增长率可以分为问题类、明星类、瘦狗类和现金牛类四种类型。

1. 问题类战略业务单位

企业的大多数业务是从问题类业务开始的。

问题类业务所在的市场中已经有了领导者，因此经营此类业务的使命就是赶超市场中的领先者，对企业来讲，压力是相当大的。

问题类业务要求企业能够投入大量的资金和所需的各类资源，以跟上迅速成长的市场的需要。因此，经营问题类业务要格外小心，因为企业随时都面临不能及时将投入的资金抽回的危险。但这类业务如果有发展空间，并且经营得好，就会转为明星类业务单位，为企业筹集大量的资金。

2. 明星类战略业务单位

如果企业在问题类业务上经营成功，问题类业务就变成明星类业务。在明星类业务所在的市场中，明星类业务本身就是市场的领导者。

明星类业务常常是现金的消耗者，经营这类业务能够为企业带来大量的现金收入，但企业必须投入大量的资金来维持其市场成长率，随时准备击退竞争者的进攻。

由于明星类业务有着高市场成长率和高市场份额，因此企业应该充分关注这种类型的业务。如果企业没有任何一项业务范围可以归入明星类业务，那么该企业就应该对原有的业务范围进行调整。

3. 瘦狗类战略业务单位

一般来讲，经营瘦狗类业务不会给企业带来很大的收入，但也不会给企业造成很大的损失。既然瘦狗类业务不能成为企业大量利润的贡献者，企业就应该考虑对它取舍。

4. 现金牛类战略业务单位

顾名思义，现金牛类业务就是能够给企业带来很大现金收入的业务。由于现金牛类业务的市场成长率低，所以企业不必对其做大量的投资。现金牛类业务也和明星类业务一样是市场的领导者，享有规模经济和利润较高的双重优势。一般而言，企业都是依靠现金牛类业务的收入来支持问题类、明星类和瘦狗类业务的发展。企业应充分重视现金牛类业务,如果只将很少的业务定位在现金牛类业务上,这类业务很可能逐渐失去其相对市场份额,那么它的市场领导者的地位将有可能不保。强壮的现金牛类业务就有可能变成衰弱的瘦狗类业务,也会相应影响到其他业务的发展。

可以将以上四类战略业务单位的特征概括如下。

(1)独立性。每一个战略业务单位都是一个独立的业务或者相关业务的集合体,在具体的工作计划上能够与企业的其他业务分开而单独作业。

(2)竞争性。每一个战略业务单位都有自己的竞争者。

(3)可控性。每一个战略业务单位都有一位经理来负责战略计划的制订和利润业绩的总结。该经理还控制了影响利润的大多数因素。

综上所述,企业应该根据开发新产品的需要来安排各种战略业务单位的格局。

> **关键点提示**
>
> 1.企业新产品开发战略业务单位的分类如下:
>
> (1)问题类战略业务单位;(2)明星类战略业务单位;(3)瘦狗类战略业务单位;(4)现金牛类战略业务单位。
>
> 2.企业新产品开发的各类战略业务单位具有以下特点:
>
> (1)独立性;(2)竞争性;(3)可控性。

1.7 如何确定新产品的层次

> **工作场景描述**
> 当企业对开发的新产品考虑其内涵层次时,可查看。

企业在新产品的开发过程中,要考虑产品内涵需要考虑五个层次。

1. 核心利益层

这是产品最基本的层次，它代表着消费者所购买产品基本的服务或者利益。从这个意义上看，企业便是根本利益的提供者。例如购买房屋，消费者是看中了它能够提供一个基本的"住所"这项功能。

2. 基础产品层

可以将基础的产品看作产品的第二个层次。一般来讲，基础的产品是由核心利益转化来的，它代表着产品的外在表现。例如，油、盐、酱、醋等基本的生活用品就属于基础的产品。

3. 期望产品层

所谓期望的产品，即消费者购买产品时通常希望的产品属性。例如，对住旅店的消费者来讲，干净的床铺、舒服的环境等就是他们所期望的产品应具有的属性。

4. 附加产品层

附加的产品可以理解为产品的第四个层次，它包括附加的服务和产品的附加利益。例如，许多商店在售出产品的同时总是会附上一些小礼品回赠给消费者。这些回赠的产品就是附加品。对于附加的产品，企业应该注意以下四点。

（1）由于附加的产品往往能够收到极好的宣传和服务效果，因此很多企业会在附加产品上下大功夫来增加产品的竞争力。

（2）产品的附加价值要求企业的营销人员对消费者的整体消费观念十分了解。就是说，营销人员必须充分考虑消费者在获得、使用、修理和处理产品上的行为及方法，以便对其提供所需的附加价值。

（3）每个附加的利益都要考虑到企业成本的增长。也就是说，企业必须做好充分的市场调查，以确定消费者是否愿意为产品的附加价值多出钱。

（4）要了解附加利益与期望利益的关系。原来只是附加的产品，经过一段时间的消费，消费者感觉良好，很可能会期待着附加产品的再次出现，这时附加的产品就变成期望的产品。例如，随高档杂志附赠的一些小礼品将会很自然地成为消费者期望的产品，如果没有这些小礼品，消费者显然会很失望。当附加的利益变成期望的利益时，对企业来讲，也必须在原来的产品中进一步增添新的特色和利益。当企业为其附加的产品提高价格时，其竞争者可能会在期望的产品上下功夫，即为消费者提供价格很低的期望产品，从而使企业所提供的附加产品的价值降低或者失去其应有的价值。

5. 潜在产品层

潜在的产品是指产品价值中最终可能会实现的全部附加部分和将来会转换的部分。企业为消费者提供的潜在的产品，意味着企业要用新的方式来满足消费者的需求并提供与原产品不同的消费品。潜在的产品往往能够给消费者带来额外的利益和惊喜。

综上所述，企业进行新产品开发时，一定要考虑产品内涵的五个层次，因为产品的每个层次都表明了消费者的消费价值，同时这五个层次也构成了消费者的价值层级。

关键点提示

产品内涵的层次包括：

1.核心利益层；2.基础产品层；3.期望产品层；4.附加产品层；5.潜在产品层。

1.8 如何进行产品组合及产品线分析

工作场景描述

当企业对产品线上每一个产品项目进行取舍时，可查看。

解读与分析

产品线是产品组合的一部分，因此对产品线的分析离不开对产品组合的了解。产品组合具有一定的宽度、长度、深度和黏度，具体介绍如下。

1. 产品组合的宽度

产品组合的宽度是指企业具有多少条不同的产品线。如柯达公司具有信息和形象产品两条产品线。日本电气公司（NEC）具有通信和计算机产品两条基本的产品线。宝洁公司拥有清洁剂、牙膏、条状肥皂、纸尿布以及纸巾等多条产品线。

019

2. 产品组合的长度

产品组合的长度是指产品组合中所有产品项目的总和。假设宝洁公司产品线的宽度是5，也就是说，该公司总共有5条产品线，其中第一条清洁剂的产品线有汰渍等5种品牌的产品，第二条产品线有4种品牌，第三条产品线有5种品牌，第四条产品线有3种品牌，第五条产品线有2种品牌，宝洁公司产品线的长度（总长度）就是19。

3. 产品组合的深度

产品组合的深度是指产品线中的每一产品有多少品种。仍以宝洁公司为例，如果该公司的高露洁牙膏有五种配方和三种规格，高露洁牙膏的产品组合深度就是15。通过计算每一种品牌的深度，可以计算出该公司产品组合的平均深度。

4. 产品组合的黏度

产品组合的黏度是指各条产品线在最终用途、生产条件、分销渠道或者其他方面相互关联的程度。例如，宝洁公司的产品都是通过同样的分销渠道销售给消费者的，所以可以说该公司的产品在分销渠道上具有黏度。但由于消费者购买该公司的产品是为了不同的用途，所以又可以说其产品在最终用途上缺乏黏度。

以上就是对产品组合的大致介绍。

对产品线的分析，可以从产品项目的销售额和利润着手。产品线的管理人员需要了解产品线上每一个产品项目的销售额和利润情况，以决定哪些产品是需要发展和维持的，哪些产品是需要删减和放弃的。企业通常会将主要的精力放在对企业销售额和利润贡献较大的少数几个产品项目上，但这样的安排往往意味着产品线具有极大的风险性。一旦这几个产品项目突然遭到竞争者的打击，企业产品线的销售额和利润就会大大缩减。所以，企业需要监视并且保护好这些项目。如果产品线上的产品项目对企业的销售额和利润贡献不大，而且这样的项目也不具备增长的潜力，企业就应该毫不犹豫地将这样的产品项目从产品线上删除掉。另外，产品线的管理人员还可以通过描绘产品项目图来分析企业产品线的定位问题。通过对竞争者产品线的分析，可以大致了解哪些竞争者的产品项目对本企业的产品构成威胁，也可以从产品项目图中找到本企业产品项目的缺陷，有针对性地改进。

综上所述，企业在开发新产品的过程中，一定要对产品线做适当的分析。

> **关键点提示**
>
> 产品组合的要点包括：
> 1.产品组合的宽度；2.产品组合的长度；3.产品组合的深度；4.产品组合的黏度。

1.9 如何确定新产品开发的产品线长度

> **工作场景描述**
>
> 当企业想通过改变产品线的长度来增加利润时，可查看。

解读与分析

产品线的长度该如何确定是产品部门的管理人员面临的主要问题。如果企业能够通过增加产品项目来增加利润，说明现有的产品线太短；如果企业能够通过削减产品的项目来增加企业利润，说明现有的产品线太长。

产品线的长度受企业目标的影响。具有完善产品线的企业正在积极寻求较高的市场份额。同时，市场的成长也要求企业具有较长的产品线。但有的企业为了追求高额的利润，只建立能够给企业的销售额和利润做出较大贡献的某些项目组成的短的产品线，而不会追求产品线的加长。

一般来讲，产品线具有不断延长的趋势。企业产品线不能随意地、不加分析地加长，因为产品项目的增加，意味着设计费、促销费等相关费用的增加。一方面，产品线的管理人员希望开发新的产品项目追求更高的销售额和利润，以解决企业生产能力过剩的问题；另一方面，企业的销售人员和分销商为了更好地满足消费者的需要，也希望企业的产品线更全面。

具体来讲，企业可以通过以下方式调整产品线的长度。

1. 扩展企业的产品线

由于每个企业的产品线都不可能涵盖整个行业,因此对每个企业来讲,其产品线都具有一定的扩展空间。

企业可以通过以下方式来扩展产品线。

(1)向下扩展产品线。向下扩展企业的产品线,是当企业的产品线处于市场的中档水平时,引进低价的产品线。一般来讲,企业向下扩展产品线的原因可以概括为以下三点。

①企业所在的中档市场可能处于停滞或者衰退状态。在这样的情况下,企业通常很容易将重心转向低档市场,因为企业进入低档市场的成本会相对小一些,相应的风险也会小一些。

②低档市场可能会有巨大的成长机会,引起企业的兴趣。如有的企业向零售业发展,正是看到了其可以通过低价铺货的方式来赚取巨额利润的优势。

③企业可能为了保持其在高档市场中的竞争优势,将竞争者的注意力引向低档市场。因为竞争者通常会在遭到攻击的同一领域反击,因此如果在低档市场中频频进攻竞争者,就可能使其无暇顾及在高档市场中的竞争威胁。当然,进军低档市场绝不意味着企业没有任何风险。企业有可能会遇到这样的情况,即不管怎样降低价位,竞争者还会有更低的价位,而且用性能质量相差不大的产品来抢占市场,甚至有的竞争者仍然利用原有的知名品牌来销售低价位的新产品。这对企业来讲,竞争成功的风险性是相当大的。这时企业就应该考虑在成本上下功夫,或者干脆退出低档市场。

(2)向上扩展企业的产品线。除了向低档市场推出新产品外,企业也可以进军高价位的市场,向上扩展企业的产品线。企业进军高价位市场的原因一般有以下两种。

①高档市场上有较高的市场增长率和较高的利润率。因为高档市场意味着企业必须提供优质的产品及服务,产品的价位也相应较高,由此企业可以取得高额利润率。同时,高档市场的产品也有可能具有竞争者所无法模仿的竞争优势而拥有良好的增长前景。

②有利于完善和充实企业的产品线。一个企业如果只是拥有中等和低等的产品线,将会在消费者心目中留下"没有档次"的印象。当消费者对高价位的产品有大量的需求时,即使是企业的忠实消费者,也不会想到发来订单。这给企业带来的损失是可想而

知的。

（3）同时向上和向下扩展企业的产品线。如果企业处于市场的中档水平，可以在向上扩展其产品线的同时也向下扩展。例如，某公司先是以中等的价格推出第一批计算机，随后又在低端市场消费方面增加机型，以更低的价位出售，取得一部分低档市场份额。接着，又在高档市场上与其他企业展开竞争，又争得一部分高档市场份额。

2. 填补企业的产品线

所谓填补企业的产品线，即在现有的产品线范围内调整，也就是通过增加一些产品项目的方式将现有的产品线拉长。企业通常会在以下五种情况下填补其产品线。

（1）为了充分利用企业的剩余生产能力。

（2）为了在不增加新的产品线的情况下获得增量利润。

（3）为了使企业现有的产品线更加完善。

（4）为了防止竞争者的入侵而设法填补市场的空隙。

（5）为了让经销商的销售额不因产品线的不足而下降。

进行产品线的填补过程中，企业一定要有明确的思想，不能与原有的产品产生混淆，必须使每一个新的产品项目都有一个显著的差别性。根据韦伯定律，消费者区别相对差别的能力比区别绝对差别的能力强。就是说，当一种产品项目与另一种产品项目的差别较大时，消费者区别起来就会容易一些。例如，消费者容易区别10厘米与20厘米的直尺的区别，但对于19厘米和20厘米的直尺，则不太容易看出区别。另外，企业在考虑填补产品线的策略时也要充分考虑市场需求，不能只是一味地考虑本企业的内部需求。

3. 削减企业的产品线

如果产品线上的某些项目已经出现销售缓慢的现象，企业就应该考虑是否需要对这些项目进行削减了。企业没有必要花大量的精力去维持那些市场反应疲软的产品项目。另外，企业也应在缺乏生产能力的时候适当地削减产品线来减轻负担。产品线的管理人员一定要定期检查产品项目，研究产品线的削减问题。管理人员可以通过对产品线销售额和成本的分析来识别疲软的产品项目。

4. 实现产品线的现代化

如果一家企业的产品线打上的是永远"过时"的烙印，即便目前还有着良好的销售势头，最终也难免遭受被淘汰的后果。企业的产品线需要现代化，尤其是在当今迅速变化的市场面前。产品线的现代化，既可以采取激进的方式，也可以采取渐进的方式。

一般来讲，企业会选择渐进的现代化方式。因为它可以使企业的现金流量耗费较少，也可以使企业在改进整个产品线之前有时间观察消费者和经销商对新产品的反应。但这种方式有"时滞"的问题，因此容易使竞争者发现商机，并抢先设计产品线。

5. 实现产品线的特色化

企业还可以使现有的产品线更有特色。产品线的管理人员可以在现有的产品线中选择一个或者多个产品项目来实现产品线的特色化。产品线的特色化可以提升产品线的等级，提高整条产品线的形象。例如，某企业生产了几件唐朝式样的仕女服，每件售价2万元，虽没有卖出过一件，但这种特色化的生产方式却引起了广大消费者的关注，给企业的产品线增添了"优雅"的特征。

综上所述，企业开发新产品时，不能忽视对产品线长度的调整，并且要选择适合本企业的调整方式。

关键点提示

调整企业产品线长度的方式包括：

1.扩展企业的产品线；2.填补企业的产品线；3.削减企业的产品线；4.实现产品线的现代化；5.实现产品线的特色化。

1.10 如何确定新产品开发市场创意需求

工作场景描述

当产品原有的市场已经饱和，需要确定创意需求的时候，可查看。

解读与分析

新产品的开发,不能止步于原有的市场。随着消费者需求的增加,市场也会日新月异,要想将目标瞄准新的市场,首先要搞好市场细分。那么,如何才能进行科学可行的市场细分呢?

1. 掌握一些市场细分的变量

进行市场细分时,应掌握以下要点。

(1)地理细分变量。

①按地区划分,分为环太平洋地区、环渤海经济区、长三角地区、东北地区、东南地区、西北地区、西南地区等;

②按人口密度划分,分为城市、郊区、县、镇等;

③按气候特征划分,分为热带地区、寒带地区、温带地区等。

(2)人口特征细分变量。

①按年龄划分,分为0~2.5岁(约为幼儿)、2.5~6岁(约为童年)、7~17岁(约为少年)、18~40岁(约为青年)、41~65岁(约为中年)、66岁以上(约为老年)。

②按收入划分,分为小于等于1000元/月、1001~3000元/月、3001~5000元/月、5001~10000元/月、10000元以上/月;

③按家庭规模划分,分为1~2人、3~5人、5人以上等;

④按家庭生命周期划分,分为单身青年、已婚无子女青年、已婚子女年幼者、已婚子女年长者,等等;

⑤按所接受的教育程度划分,分为博士生、硕士生、大学本科生等;

⑥按国籍划分,分为中国人、韩国人、日本人、英国人、美国人、加拿大人、法国人、意大利人、德国人等;

⑦按宗教划分,分为天主教徒、伊斯兰教徒、基督教徒、佛教徒等;

⑧按肤色划分,分为黄种人、白种人、黑种人等。

(3)心理及行为细分变量。

①按个性划分,分为内向型、外向型、内外向复合型等;

新产品运营管理常见问题清单

②按生活方式划分，分为奢侈型、时尚型、俭朴型、随意型等；

③按使用者的状况划分，分为从未用过、第一次使用、曾经用过、经常使用等；

④按顾客对产品的热情程度划分，分为忠诚型、无视型、冷漠型、厌恶型等。

2. 对细分市场进行评估

评估细分市场必须考虑两个因素。

（1）细分市场结构的吸引力。就是指细分市场的成长性、大小、盈利率等。

（2）企业的目标和资源。如果细分市场不符合企业的中长期目标，或者缺乏盈利性，企业就要果断放弃。

3. 选择不同的细分市场

选择不同的细分市场时，可以结合产品的专业化程度。这里有五种可供选择的目标市场模式。

（1）密集单一化市场，就是专门瞄准某一细分市场，只经营一类产品。通过这种专业化经营，企业可获得较多的经济效益。这种营销方式有很强的针对性，可以使企业获得比较全面的市场信息。

（2）有选择的专门化，就是同时选择若干细分市场。这种细分市场选择的最大好处在于可以分散投资风险，而且每个细分市场都有可能盈利。

（3）产品专门化，就是只集中生产一种产品。通过这种方式，企业可在这类产品的销售市场上建立起极高的知名度。

（4）市场专门化，也就是专门服务于某一细分市场，满足该市场群体的各种需求。通过这种方式，企业可以在很长一段时间内，针对特定市场实行相应的营销策略，并根据市场需求开发新产品。在满足该市场需求的同时，也使企业获得较高的顾客忠诚度和广阔的利润空间。但这种选择方式受到顾客预算经费的限制。

（5）完全覆盖市场，就是企业生产出多种相关的产品来满足诸多细分市场的需求。这种选择方式适用于规模较大的企业。这样的企业有足够的资金和充足的资源进行整合，可以不断开发新产品，满足市场的个性化需求，让企业长期拥有利润增长点，在发展和成长的过程中长盛不衰。

综上所述，确定新产品开发市场创意需求的关键在于：在尽量掌握细致的市场细分变量的基础上进行科学的选择。

> **关键点提示**
>
> 做好市场细分的步骤是：
> 1.掌握一些市场细分的变量；2.对细分市场进行评估；3.选择不同的细分市场。

1.11 如何确定新产品开发产品创意需求

> **工作场景描述**
> 当产品出现单一化危机，企业对产品创意产生需求的时候，可查看。

解读与分析

随着人们需求的多样化，单一的产品已经远远不能满足人们的需要。从寻求新的产品创意上开发新产品，便适应了人们的多样性需求。那么，企业究竟可运用哪些方式来开发新产品呢？

1. 对原产品进行改进，使其具有新功能、新用途、新包装

通过这种方式开发新产品具有投资少、见效快的特点，可以考虑从以下五个方面对原产品进行改进。

（1）改进原产品的质量属性，即改善原产品的功能特性，提高原产品的耐用性和可靠性。

（2）改进原产品的特色，即从尺寸、重量等方面增加产品的特色。这种方式耗费少、收益大，但极易被模仿。

（3）扩大产品的使用功能及多方面的适用性，使产品除具有基本功能之外，还具有相应的附加功能，真正成为复合型产品，使消费者享受到更多的使用价值和附加利益。

（4）改进原产品的式样，即通过改变产品的外观、款式、包装等外在内容来增强美感，吸引更多顾客的眼球。

（5）改进服务。众所周知，产品不仅包含有形的产品，也包括无形的服务。任何时候把服务放在第一位总是对的。因此，改进服务质量也是产品改进的一部分。

2. 自行研究、设计新产品

运用这种方式开发新产品，可以考虑从以下三方面着手。

（1）从基础理论研究开始，经过一系列的应用研究和开发研究，试制出新产品，并投放到市场中。

（2）借鉴已有的基础理论。这种方式较前一种方式耗费少。

（3）运用已有的基础理论和应用研究成果进行开发性研究。这种方式较前两种耗费的人力和物力更少，往往在落后赶超先进的时候十分有效。通过引进技术或者移植生产，极大地节省由于开展新的技术研究活动而耗费的大量时间和费用。尤其是在市场竞争日益激烈的今天，企业更需要充分利用现有的技术条件，尽快赶上发达国家前进的步伐，否则只能在竞争中处于被动地位。

综上所述，在确定新产品开发的产品创意需求时，企业一定要结合自身的实际情况，选择切合实际的新产品开发方式。如果企业以现有的规模和实力都还做不到自行研究，宜选择对原产品进行改进的方式；如果企业规模很大，实力雄厚，可以考虑自行研究、引进技术或移植生产的方式。

关键点提示

从寻求新的产品创意上开发新产品的方式有以下两种：

1.对原产品进行改进；2.自行研究、设计新产品。

1.12 如何获取新产品开发创意来源

> **工作场景描述**
> 当企业为了寻求新产品开发创意的时候,可查看。

解读与分析

新产品开发的创意来源是十分广泛的。掌握每一种创意来源的特征,并筛选出最符合实际的创意来源是十分必要的。新产品开发的创意来源可以从外部来源和内部来源两个方面考虑。

1. 外部来源

(1)顾客。

顾客是产品的直接使用者,对产品的好坏有着最为深切的体会,因此来自顾客的声音最真实可靠。企业应时刻密切关注顾客的感受和意见,多听听他们的想法。具体做法如下:

①成立顾客创意中心,由专人管理,对前来购物的顾客进行创意索取;

②采取书信的方式对忠实的顾客进行创意沟通,随时了解客户的需求变化;

③让顾客亲自参与产品的创意策划过程,随时纠正创意开发中出现的偏差。

(2)大学。

大学里的教授、讲师、研究人员以及其他工作在专业研究领域的学者掌握特定领域内的大量信息,但由于其进行商业化开发的意识淡薄,或者因条件限制不具备自主开发的能力。企业可以从他们那里获得很好的创意来源。企业应该采取合法的手段和正当的方式获取其中的有益创意,并设法与大学中的教师、学者保持联系,如采用高薪聘请的方式或在大学里设立技术转让中心以获得稳定的创意来源。

(3)供应商。

供应商常常会给顾客提供一些构思。因此,应该让企业的营销和技术人员定期拜访供应商的实验室和技术服务设施,并与供应商的技术人员保持密切接触,时刻关注他们

新产品运营管理常见问题清单

所从事的开发活动。

（4）竞争者。

商战中常常说的一句话就是：你没有想到和没有做到的事情，你的敌人会帮你想到和做到，因此竞争者是很有价值的新产品构思的来源。从竞争者手中获取创意的来源，可以按以下步骤进行：

①定期对竞争者的产品，尤其是新产品进行彻底调查和回顾，了解竞争者的状况；

②获取一份竞争者的产品样品；

③从技术的角度对该产品进行全面评估；

④了解该产品在市场上的表现；

⑤取得该产品的广告和相关资料的复印件，了解竞争者宣传产品的重点以及对产品的定位。

（5）贸易出版物。

绝大多数情报信息存在于公众领域，因此不能轻视贸易出版物的功能。

2. 内部来源

（1）研究人员和工程人员。

研究人员和工程人员是设计与筛选新产品创意的工作人员。由于本身业务的原因，他们对产品信息的变化反应异常敏锐，也因此成为最有保证的创意来源。

（2）销售人员和营销人员。

销售和营销人员直接参与产品的出售，他们与顾客的接触最紧密，常常可以在与顾客的探讨中了解到顾客的问题和需求，找到有针对性的创意来源。

（3）生产人员。

这部分工作人员直接参与产品的生产，十分了解产品的质量属性和式样特征，因此可以对产品的改进提出权威性意见，可以提供极有价值的新产品创意。

（4）其他管理人员。

这部分工作人员从宏观上把握着产品的变化趋势，能从大的方面找准新产品的创意。

综上所述，通过内部来源和外部来源，企业可以充分掌握有关新产品创意的各种信息，从而获得恰当的和符合实际的新产品开发创意。

> **关键点提示**
>
> 新产品开发的创意来源有:
>
> 1.外部来源,包括顾客、大学、供应商、竞争者、贸易出版物等;2.内部来源,包括研究人员和工程人员、销售人员和营销人员、生产人员、其他管理人员等。

1.13 如何对新产品开发创意进行商业分析

> **工作场景描述**
>
> 当寻求新产品在未来市场上的盈利状况时,可查看。

解读与分析

企业管理人员一旦确定新产品的创意来源,并选定了开发新产品类型,就需要对这类新产品的商业吸引力做出分析。管理人员可以通过分析待开发新产品的总销售量,并估计其成本和利润,着手进行新产品开发创意的商业分析。如果它们符合企业目标,产品概念就能够进入商业化过程,为企业创造新的利润。

1. 估算总销售量

企业管理人需要通过估计总销售量判断其是否能使企业得到一份满意的利润。总销售量估计法取决于产品是属于一次性购买品(如终身保险),或是属于非经常性购买品(如住房),还是属于经常性购买品(如日用品)。

(1)一次性购买品。在市场导入期和成长期,该类产品的销售量会一路攀升,直至到达最高峰,然后潜在的购买人数逐渐减少,直到趋于零。如果此时又不断有新的购买者进入市场,该曲线最终就不会趋于零。

(2)非经常性购买品。这类产品一方面受到实体磨损的影响,另一方面又受到特点、式样变化的影响,因此会有更新周期。所以,企业需要对这类产品分别做出前期销售量预测和更新阶段销售量预测。因为更新阶段销售预测在实际情况中很难估算,所以许多制造商在推出新产品的时候,仅仅以首次销售量作为估算的基础。

(3)经常性购买品。对于这类产品,开始时的销售量变化情况和一次性购买品的情况基本相同。但如果该产品能够吸引一批忠实的顾客,他们就会稳定地购买,这时重复购买就产生了。销售曲线最终会落在一个稳定的水平上,也就表示产品拥有了稳定的重复购买量,不过此时产品已不再属于新产品的范畴。在引进市场后很短时间内就销声匿迹的产品重复购买率极低,高重复购买率意味着顾客对产品的高满意度。

2.估算成本和利润

对新产品进行销售预测后,企业管理人员就能够估算出预期的成本和利润,可以采取现金流量表的方式,对未来几年收入、成本、贡献的各项分摊费用做一个预测统计。通过这种估算方式,企业可以权衡损益,预知风险。

综上所述,对新产品开发的创意进行商业分析时,不仅要估算出产品的总销量,还要估算出其中的成本和利润。这样才能确保商业分析的科学性。

关键点提示

对开发新产品创意进行商业分析的途径:

1.估算总的销售量;2.估算成本和利润。

1.14 如何对新产品开发创意进行技术分析

工作场景描述

当对新产品开发技术上的问题有所顾虑时,可查看。

解读与分析

如果产品概念通过了可行性方面的综合分析,就可以将其移至研发部门,使其发展成实体产品。这个阶段集中要解决的问题是产品的构思能否转化为技术和商业上可行的产品。如果这个分析研究失败了，企业除了能保留一些有用的信息外，将一无所得。

对新产品进行技术分析可以通过以下步骤完成。

1. 把目标顾客的要求变成实际的产品原型

有关产品原型，需要注意以下问题。

（1）研发部门的任务是开发出能展现该产品概念的一种或几种实体形式。该部门人员在开发产品原型时要考虑以下三个要求：

①对消费者来讲，产品原型是否体现了该产品的关键属性；

②在正常的使用条件下，该产品原型能否安全地发挥其功能；

③该产品原型能否在预算的制造成本下制造出来。

（2）对一个产品原型的成功开发制造所需耗费的时间。过去设计一种产品原型往往要耗费很长的时间。网络技术的出现，尤其是先进的仿真技术的出现加快了这个进程。借助网络技术，研发者可以得到充分的有关新产品原型的信息，甚至能够与掌握该类信息的技术专家交流，从而加快产品原型的开发进程。

2. 对新产品的原型进行测试

（1）功能测试。功能测试包括阿尔法测试和贝塔测试。

（2）消费者测试。消费者测试包括以下三种方法。

①顺序排列法。要求消费者根据其偏好对属于同一产品原型的几种产品（如彩电、台灯）排序，这样可以分辨出这几种产品在消费者心目中的喜爱程度，从而很快得到要开发的产品原型。但这种排序的方法只能得到一个相对的结果，而不能得到绝对的结果，因为消费者有可能对所提供的产品原型都不喜欢，也有可能喜欢一种产品原型远远超过另一种产品原型，这些都不能通过顺序排列法体现出来。

②配对比较法。这种测试给消费者提供一组产品原型，每两个配成一对，要求消费者从每对中选出所偏好的一个。然后再根据已经选出的结果做进一步比较，得出消费者的喜好排序。例如，给消费者提供三对产品原型：AB、BC、AC。消费者若选择B而舍弃A，选择B而舍弃C，选择A而舍弃C，则可以得出消费者对这组产品原型喜好程度的排序为B>A>C。这种测试方法比较实用，也比较方便。

③单元分等法。这种测试法要求消费者根据等级量表，对每种产品的喜好程度进行分等。例如，有三个等级的量表，一表示喜欢，二表示中立，三表示不喜欢，要求消费者将提供的产品原型分别归入该等级量表，从而得出该产品原型的排序。

（3）市场测试。

企业管理人员对产品原型的功能测试和消费者测试的结果感到满意后，该产品原型就要被拿到更广泛的市场环境中进行测试。市场测试包括以下四种方法。

①销售波测试法。企业可以在开始的时候免费给消费者提供产品试用，接着再以低价为消费者提供该产品，这样重复3~5次。企业应该密切关注消费者再次选用该产品原型的次数，多了解他们对该产品的满意程度。销售波测试法是成本最低的测试方法。它不需要完成最后的包装和广告，并能够被迅速地贯彻执行。

②模拟市场测试法。这种测试方法要求找到30~40名熟悉该企业品牌并对企业品牌有偏好的消费者，邀请他们观看简短的商业广告片。这些商业广告片的内容包括不同种类的产品，也包括企业将要推出的新产品。在消费者看完广告片后，企业发给每个参与者一些现金，让他们到一家指定的商店去购物。企业再观察有多少消费者购买了该新产品原型，接着把这些消费者再次集中起来，询问他们购买的理由。几个星期之后，企业再打电话给这些消费者询问他们对该产品原型的使用情况、满意程度以及再购买意图。这种测试方法非常精确，花费的时间少，成本低。

③控制营销测试法。这种测试方法是通过联系当地的商业团体，采取试销的方式观察销售结果。采用这种测试方法，企业可以不动用自己的销售力量，也不需要花时间建立自己的分销渠道和给予商业折让。

④测试市场法。这种测试方法涉及面较广，企业需要选定少数有代表性的城市测试。这种测试方法的费用较高，但能够预先测定不同营销计划的影响。

综上所述，对新产品原型的一系列功能测试进行技术分析，可以使企业进一步改进和完善新产品开发，从而加快新产品开发的进程。

> **关键点提示**
>
> 对新产品开发的创意进行技术分析的步骤是:
>
> 1.把目标顾客的要求变成实际的产品原型; 2.对新产品的原型进行测试。

1.15 如何对新产品开发的创意计划进行审议

> **工作场景描述**
>
> 当要对新产品开发的创意计划进行审议时,可查看。

解读与分析

在这一阶段,企业要根据管理人员拟订好的审议标准对新产品的开发创意计划进行审议。审议人员通常包括企业的最高管理层以及研发、制造和营销等部门的人员。

1. 审议标准

对新产品开发的创意计划进行审议时,应包括下列九条标准。

(1)新产品与现有产品的兼容程度。

(2)新产品与核心技术的兼容性。

(3)新产品与企业战略计划的相容性。

(4)新产品的成长潜力。

(5)新产品可否申请专利。

(6)竞争者进入新产品开发领域的风险。

(7)企业可以接受的装配和机械的成本。

(8)企业对新产品付款期限的限制情况。

(9)新产品通过现有分销渠道销售的能力。

企业的审议标准可以包括以上所有内容,也可以缺少几项内容。无论如何,提出

新产品运营管理常见问题清单

这些审议标准是为了给讨论新产品概念提供方便,从而使新产品的创意计划尽快得到认可。

如果某项创意通过审议,则意味着该创意取得了优先权。

2. 审议方法

审议新产品开发的创意计划可采取以下三种方法。

(1)只列出一些"必备标准"来审议。

(2)列出一些问答式的标准。

(3)采用一些带有权重和评级的标准。

通过最后一种审议方法,企业能够确定优先考虑哪些创意。但是,这种数据化的评级方法仍然是一种主观评估,所以并不一定代表最终的结果。由于参数都是固定的,因此这种审议方法能够通过单个成员的评价对新产品的创意做出初步评定,还可以使新产品开发鉴定委员会在较短的时间内集中讨论新产品创意的各个方面。

无论企业采取哪一种方法,审议时都不能过于严格,也不能过于宽松,而应该在"严"与"宽"之间均衡调节。如果审议太过严格,很可能会排除潜在的优质创意;如果审议太宽松,又有可能使很平庸的产品创意入选。

关键点提示

对新产品创意计划进行审议的两个要点是:

1.审议标准;2.审议方法。

1.16　如何完善新产品开发的创意

工作场景描述

当需要对新产品的创意计划进一步完善时,可查看。

解读与分析

这一阶段解决的主要问题是如何在审议阶段完毕之后，对新产品的创意进行完善。完善创意的过程中，企业所有的业务部门都应该积极参与，集体讨论如何使创意更有实用性和可实施性。也就是说，企业要把一群非常具有创造力的员工聚集在一起，提供给他们一个肤浅的新产品创意，然后询问他们如何通过各个业务部门的努力，使该创意得到完善和提高。员工讨论的结果往往会大大增强成功开发新产品的可行性。

企业通常可以通过以下途径来完善新产品的创意。

1. 不断添加内容以完善单薄的创意

通常情况下，一个企业内部形成的新产品创意可能远远超出这个企业的业务范围。但是由于企业一般倾向于重视内部的现实产品的应用，因此一项创意，尤其是当这项创意远远超出企业业务范围的时候，是很难发挥最大潜能的。但是不断添加创意的内容，使创意更符合企业的实际生产情况，是可以克服这一问题的。完善后的创意与原来的创意相比，在概念上将得到扩充，应用范围也将更加广泛。

2. 强化核心产品的概念

企业必须有自己的核心产品，因为核心产品在消费者心目中有着极好的形象和极高的品牌价值。如果企业已经确定了很有价值的产品概念，那么在新产品的创意中，则有必要继续沿用并强化该概念。当然，这里也有一定的风险。如果新产品的创意推出后失败了，势必会对原有的品牌造成一定的影响。如果新产品能够成功推出，也可增强新产品在市场上的正面形象。

3. 跟踪市场趋势

有利的市场趋势不仅能够激发对新产品的构思，也有助于完善新产品创意。许多新产品创意正是在对市场趋势进行动态跟踪和连续观察后，通过不断提升其符合市场需求的功能而得以完善的。

综上所述，企业只有不断完善新产品创意，才能增强新产品的可行性，加大新产品成功打入市场的可能性。

> **关键点提示**
>
> 完善新产品创意的途径有：
> 1.不断添加内容以完善单薄的创意；2.强化核心产品的概念；3.跟踪市场趋势。

1.17 如何掌握新产品开发的品牌设计原则

> **工作场景描述**
>
> 当企业对新产品进行品牌设计时，可查看。

 解读与分析

对新产品进行良好的品牌设计，能够在有利于产品定位的同时，给企业带来好的销售前景与利润。企业要想设计出好的新产品品牌，必须掌握新产品品牌的设计原则。在阐述新产品的品牌设计原则之前，有必要对品牌的基本含义做一个大致的介绍。

首先，品牌表现的是一种名称、术语、标记、符号或者设计，或者是它们的组合运用。品牌通过其特有的外部特征与竞争产品和服务加以区别。

其次，品牌还表现着一种企业特有的价值观、文化特征和个性，它可以代为宣传和加深人们对企业的整体印象。

最后，品牌还能够体现消费者的消费层次，即平常所说的不同的品牌有不同档次的消费群体。

品牌的设计原则，正是在结合品牌含义的基础上对品牌设计的一系列要求。

1. 力求醒目，凸显个性

一个好的品牌至少要做到简单醒目、清晰可辨。如果设计出的品牌不能使消费者对其做出迅速而清晰的辨识，该品牌的设计就没有发挥最基本的作用。

例如，麦当劳的金黄色拱门，人们在很远的地方就能够认出，不能不说是一个成功的品牌设计。

2. 便于记忆

可以通过设计发音简短的词汇来帮助人们记住品牌，也可以设计出新颖、独特的图案来强化人们的记忆。

例如耐克的提钩状图案，几乎让所有看到的人忍不住将"耐克"两个字喊出来。

3. 易于识别

尤其是在与竞争对手的品牌开展激烈竞争的时候，更要注意遵循这一原则。因为如果品牌不太容易识别，就可能分散消费者的注意力，甚至会给竞争对手的品牌做宣传，这也是让企业最为头疼的事情。

4. 考虑不同的民族风情

目前，世界各国的经济联系日益紧密，品牌的设计不能只局限于企业所在地的生活习俗，而要考虑各地的民族风情。品牌的图案和颜色的选择，一定要符合不同国家和地区对图案与颜色的偏好和禁忌，否则就有可能酿成营销决策的大错。

例如，肯德基在中国市场上不断通过本土化措施来推出符合中国消费者口味特点的新产品。

综上所述，企业的品牌设计要在考虑以上各种因素后进行慎重决策，并根据这个原则进行产品的品牌设计，为产品顺利打入市场奠定良好的基础。

关键点提示

新产品品牌的设计原则要考虑以下因素：

1.力求醒目，凸显个性；2.便于记忆；3.易于识别；4.考虑不同的民族风情。

新产品运营管理常见问题清单

1.18 如何确定新产品的品牌战略

> **工作场景描述**
> 当企业开发的新产品面临品牌抉择的难题时，可查看。

进行新产品开发的过程中，对新产品的品牌战略进行决策有以下五种方法。

1. 通过扩展产品线的方式形成新产品的品牌

所谓扩展产品线，指的是企业在同样的品牌名称下面，在相同的产品种类中增加新的项目内容的品牌形成方式。例如，增添产品的新口味、增加新的产品形式、加入新的颜色、添加新的成分以及改变包装的规格等，都是产品线的扩展方式。

产品线的扩展具有一定的优势。利用产品线的扩展方式所形成的品牌，其成功率通常高于新设立的品牌。而且，强势品牌的产品线扩展往往能够带来品牌开发的成功。

2. 通过品牌延伸的方式形成新产品的品牌

所谓品牌的延伸，指的是企业利用现有的品牌名称引申出其他产品类目中的一种新产品的品牌。举例来说，"康师傅"一开始做成功的是方便面，用面食在市场上打响了牌子。随着其品牌逐渐广为人知，该公司又推出"康师傅"矿泉水等以"康师傅"作为品牌的其他产品。这种方式就是品牌延伸战略。

品牌延伸战略的优点在于：通过原有的品牌认知，可以使消费者对延伸品牌建立起一定的认知度。但品牌延伸战略具有一定的风险。新的产品有可能因为质量问题而对企业的原有品牌造成影响，从而影响消费者对该企业产品原有的信任度。另外，原有的品牌有可能不太适合新产品的特性，如两种相关度并不高的产品就不能够使用同一品牌。如果硬要将不相关产品的品牌混合使用，就会造成品牌的滥用，使得原有品牌失去其在消费者心目中的特有地位，产生品牌稀释效应。

3. 通过多品牌的战略形成新产品的品牌

所谓多品牌战略，指的是企业在相同的产品类目中引进其他品牌。例如，宝洁公司在洗发水中就有潘婷、海飞丝等不同的品牌。

多品牌战略的优点在于，可以满足不同消费者对产品不同性能的要求，并且使企业的产品占领分销商更多的货架。有的时候，企业甚至可以获得竞争者的品牌形成本企业新的品牌产品。但引进多品牌战略也存在一些缺点。例如，每一种品牌都只是占据很小的市场份额，有可能使得企业每种产品的利润空间都相应地缩小。

4. 通过使用合作品牌的方式形成新产品的品牌

所谓合作品牌，又称双重品牌，指的是将两个或者更多的品牌在同一个提供物上联合起来。在这种品牌战略中，每个品牌的持有人都期望另一个合作的品牌能够强化该品牌的偏好或者购买意愿。对较为弱势的品牌来讲，通过这种合作的方式，可以使其接触到新的受众。

5. 创立新的品牌

企业在新的商品项目中推出一种新产品时，如果发现原有的品牌名称并不适合这种新产品，这时就需要创立一种新的产品品牌。

综上所述，企业进行新产品的品牌战略决策时，可以通过产品线的扩展、品牌的延伸、多种品牌、合作品牌以及新创品牌等方式确立新产品的品牌。

关键点提示

新产品的品牌战略可以采用下列方法：

1.通过扩展产品线的方式形成新产品的品牌；2.通过品牌延伸的方式形成新产品的品牌；3.通过多品牌的战略形成新产品的品牌；4.通过使用合作品牌的方式形成新产品的品牌；5.创立新的品牌。

1.19 如何建立新产品开发的情报系统

> **工作场景描述**
> 当企业需要全面的信息为新产品开发的决策服务时，可查看。

企业的情报系统为负责新产品开发的管理人员提供有关的数据。新产品的开发需要掌握大量的信息，每一家企业都必须为新产品开发的管理人员提供相应的信息流。许多企业为了取得所需要的信息，都会投资设立情报系统，以满足企业生产、经营管理的需要。进行新产品开发的经理人员为了履行他们的分析、计划、执行和控制的责任，同样需要收集开发营销环境的信息。

信息收集通常是通过企业内部报告、营销情报收集、营销调研和营销决策支持分析四项工作来完成。企业可以采取以下步骤改进企业情报系统的质量和数量。

1. 训练和鼓励销售人员发现并报告最新的情报

销售人员在收集信息方面处于一个非常有利的位置，可以将其看作企业的"眼睛和耳朵"。但由于其从事的是最基本而又繁忙的业务销售工作，因此不能够及时向企业反馈重要的信息。要想使销售人员成为合格的情报收集者，企业需要做以下三点。

（1）企业的管理人员应向销售人员灌输他们"处于企业的重要地位"的观念，帮助他们树立情报系统对企业来讲十分重要的理念。

（2）要激励销售人员在做好本职工作的同时，也注意为企业的情报系统收集必要的信息。

（3）企业的管理人员还应该对销售人员做好如何提供信息的培训工作，确保他们能够及时提供对企业的新产品开发有用的信息，而不是毫无选择地将所有的信息都交给管理者。

2. 通过顾客获得情报

企业可以建立一个顾客咨询小组来获取来自消费层面的直接情报。这个顾客咨询小组可以由顾客代表、企业的重要客户、企业最重要的外部发言人或者技术要求复杂的顾客组成。

通过这种方式获取情报，无论是对企业来讲，还是对顾客来讲，都是十分有益的。顾客咨询小组的所有成员共同讨论企业的产品技术和服务问题，认真倾听顾客的要求。通过讨论，企业可获得有价值的有关顾客需求的信息。顾客也由于企业能够"亲自"来了解其心声，感受自己得到格外的尊重，便很自然地与企业贴得更近。

3. 通过分销商获得情报

例如，有的企业安排每一位分销商给企业的营销调研部递交一份情报分析表，该表统计了包括分销商的产品在内的销售总发货单。企业通过分析这些报表和分销商一起了解最终用户的特点，从而获得有用的用户情报。

许多企业鼓励其零售商派出"佯装购买者"来考察员工对待顾客的态度，从而获得改进服务的信息。在获得足够多的考察信息后，企业就可以很快找出服务上的缺陷，并尽快纠正员工服务态度的不足。

4. 通过竞争者获得情报

（1）企业可以通过购买竞争者的产品来了解竞争者的产品技术特征和改进信息，从而设计出比竞争者产品更为先进的新产品。

（2）可以安排专门的人员每天阅读竞争者出版的刊物，或者收集竞争者的广告，密切关注有关竞争者的报道等。

（3）出席竞争者的股东大会，直接了解竞争者的经营动态。

（4）通过与竞争者的前雇员进行信息交流，或者是接近竞争者的现有雇员、分销商、零售商、代理商等，以获得有用的情报。

5. 通过营销信息中心获得情报

企业可以建立专门的营销信息中心来获得情报。

营销信息中心的任务是收集和传送营销情报。该中心的职能人员通过互联网和重要的出版物摘录有价值的新闻，并将收集来的新闻制成新闻简报，提供给负责新产品开发的管理人员，供其参阅、学习。营销中心还应建立一个信息档案，同时协助经理们评估新的信息。

以上情报收集方式的共同特点是，通过企业自己的努力来获取有用的商业情报。下面再介绍一种借助外力收集情报的方式。

6. 通过外界的情报提供商获得情报

企业可以通过向外界的情报供应商购买信息来获取相关的情报。

这种方式的显著特点是，可以大大降低企业获取情报的成本；但不足之处在于所获得的情报不一定是最核心的，也不一定是企业最需要的内容。

综上所述，企业究竟采取哪种方式获取对新产品开发有用的情报，要视企业的具体情况而定。

关键点提示

企业获取营销情报的手段和来源有：

1.内部销售人员；2.顾客；3.中间商；4.竞争者；5.营销信息中心；6.外界的信息供应商。

1.20　如何建立新产品市场营销调研的程序

工作场景描述

当新产品开发的营销调研进入实质的运转阶段时，可查看。

解读与分析

没有调查就没有发言权，新产品的开发工作离不开营销调研。一般来讲，大型的企业都设有专门的调研部门。例如，宝洁公司设有两个独立的内部调研小组，一个小组负责整个公司的广告调研，另一个小组负责市场测试。企业通常拨给营销调研的预算占企业销售额的1%~2%。企业将这些经费的大部分用于购买外界营销调研公司的服务。小型公司既可以购买营销调研公司的服务，也可在有限的资金下开展创造性的调研活动。

这里有必要介绍一下营销调研公司的类型。

一是综合性的服务研究公司。这种公司定期收集有关消费者和贸易方面的信息，开展信息收费出售的业务。

二是接受企业委托的营销调研公司。这种公司接受企业委托进行特定的项目调研，参与设计企业的调查研究和报告结论。

三是特定专业营销调研公司。这种公司为其他的营销公司或者企业的营销调研部门提供特定的专业服务。

营销调研的程序包括以下五个步骤。

1. 确定问题和目标

企业负责新产品开发的管理人员对所调查的问题既不能定得太宽，也不能定得太窄。如果问题定得太宽，例如要调研人员发现顾客所需要的一切，调研人员很可能得到许多不需要的信息。如果问题定得太窄，又会使得调研人员无处下手。下面介绍三种基本的调研工作方法。

（1）探测性的调研，就是初步收集数据，借所收集的资料揭示该问题的真正性质，并可能提出若干假设或者新颖的构思。

（2）描述性的调研，就是做定量描述。例如，调查有多少人愿意花更多的钱购进完善的产品售后服务。

（3）因果性的调研，就是测试因果关系。例如，如果企业增加额外的附带品，将会增加多少顾客。

并不是所有的调研工作都要对它的目标做具体的规定。探测性的调研、描述性的调研以及因果性的调研就是如此，没有特别明确的调研目标进行限制。

2. 制订调研计划

这一阶段要求企业制订一个收集所需信息的最有效的计划。企业在做营销调研计划时，要涉及相关的资料来源、调研方法、调研工具、抽样计划和接触方法等方面。

（1）资料来源。调研计划要求既收集第一手资料，又收集第二手资料。第一手资料是为当前某种特定的目的而收集起来的原始资料。第二手资料是在某处已经存在，并且是为了某种目的而收集起来的信息。第二手资料为营销调研提供了一个起点。同时,第二手资料成本较低,能够被迅速地获得。企业的调研人员通常从收集第二手资料开始调查工作,并且据此判断他们的问题是否已经部分或者全部解决了,尽量避免收集昂贵的第一手资料。

那么,企业究竟会在什么情况下收集第一手资料呢?一般来讲,当企业的调研人员所需要的资料不存在或者现有的资料已经过时、不正确、不完全或者不可靠时,企业的调研人员就必须收集第一手资料以完成调研工作。收集第一手资料的方法有以下五种。

①观察法。即通过实地研究,观察有关的对象和事物来收集最新的调研资料。例如,通过观察竞争对手的服务特征来制订针对对手的方法。

②焦点小组访谈法。即有选择地请6~10人,花几个小时,由一个富有经验的访问者组织,讨论某一产品、服务、组织或者营销实体的好坏与利弊。要求访问者事先客观地了解讨论的主题和行业情况,在实际操作中具有能动性并具备消费者行为的知识。为了更多地吸引参加者,需要付给他们一定的报酬。焦点小组访谈是设计大规模调查前的一个有用的步骤,但是不管这个步骤多么有效,由于这种方法的操作规模太小并且是随机的,对抽样调研人员来说,不能轻易根据其讨论结果而得出全面性的结论。

③调查法。这种方法适用于描述性研究。企业通常利用调查法来了解人们的认识、信任、偏好等情况,并且衡量它在总人口中所占的比例。

④行为数据。是指通过企业的扫描数据、分类购买记录和顾客数据库来记录顾客的购买行为。企业通过分析这些数据,可以了解顾客的实际购买情况。例如,人们常常说喜欢某品牌,但在购买时又不一定按照自己说的那样去买,这时企业的新产品调研人员就可以根据顾客的购买数据记录来判断顾客对某品牌产品的购买情况。

⑤实验法。是最科学的调研方法,是通过排除法来排除观察结果中互相矛盾的解释,并且由此建立因果关系。

(2)调研工具。企业负责营销调研的人员在收集第一手资料的时候,有两种主要的调研工具可以选择:一种是调查表,一种是仪器。这里主要介绍调查表。调查表是调研人员收集第一手资料时普遍使用的工具。一般来讲,一份调查表是由企业的调研人员设计的一系列问题组成的,问题的设计也是十分灵活的。

企业的营销调研人员一般按照两种方式来设计问题：一种是封闭式的问题，一种是开放式的问题。封闭式的问题就是在提问后提供给被调查者可能的答案，要求被调查者从中选择一个或者多个答案。由于封闭式是通过问题设定的方式来回答问题，因此对被调查者来讲，回答起来就比较容易，回答的速度也比较快。开放式的问题则事先不设具体答案，由被调查者灵活回答。由于被调查人的回答不受限制，所以开放式的问题常常能够揭露更多的真实信息。在探测研究阶段设计开放式的问题，是十分有用的。

3. 收集数据

收集数据阶段对企业来讲，花费较大，而且容易出错；对顾客来讲，则存在着是否有效配合的问题。另外，由于目前电子技术的演进，数据收集的方式也越来越多样化和科学化。例如，可以使用网络进行调查，这样可以大大提高回答问题的效率。

4. 整理并分析数据

这一阶段的主要任务是从数据中找出恰当的和适用的调查结果。在整理和分析数据的过程中，企业的调研人员应该尽量采用一些先进的统计技术和决策模型对收集的数据做出科学的评价。

5. 得出调研结果和新的研究发现

这是营销调研的最后一步。需要指出的是，企业的调研人员得出的调研结果和新的研究发现，应当与新产品开发的营销决策相关，而不是自认为有用的信息堆积。

以上是企业进行营销调研的五个步骤。一般来讲，好的营销调研应该具备如下特征。

（1）方法的科学性、多样性与创造性。良好的营销调研不应该只局限在单一的调研方法上，而是要尽可能地使用多种方法。营销调研的方法还要具有科学性，要仔细地观察、假设、预测和测试，善于利用数据模型等先进的数据分析方法进行数据的分类和概括。营销调研还要不断地根据实际情况创造出新的和更适用的调研方法，从而有针对性地解决实际问题。

（2）衡量信息的价值和成本。调研成本很容易计算，但信息的价值却由研究结果的可靠性和准确性以及管理层对调研结果的接受程度而定，很难预料。一个良好的营销调研，要求调研人员十分关心对信息价值和成本的衡量。

新产品运营管理常见问题清单

（3）关心消费者的利益。好的营销调研应该让消费者充分认识到自己的配合是一件十分有益的事情。如果一项营销调研仅仅起到调查消费者的作用，肯定不是一个好的营销调研。

（4）敢于提出疑问。营销调研人员不能只盲目地执行管理人员的营销决策，在适当的时候，也应该勇于对管理人员做出的轻率的市场运作方式提出疑问，从而使得营销调研结果更具有实际的意义。

综上所述，企业的营销调研工作是新产品开发工作的良好铺垫。任何企业在从事新产品开发工作的时候都不能忽视其作用，并要努力把握好这个环节的工作。

关键点提示

营销调研的程序有以下几点：

1.确定问题和目标；2.制订调研计划；3.收集数据；4.整理并分析数据。

5.得出调研结果和新的研究发现。

1.21 如何建立新产品开发的营销程序

工作场景描述

当企业的新产品开发完成创意和战略准备，需要建立相应的营销程序时，可查看。

解读与分析

企业进行新产品开发要有一套完善的营销程序。新产品开发的管理人员要在企业层面、各业务部门层面、各种产品层面上，为企业的每一条产品线、每一种品牌以及每一种新产品编制营销计划。

营销程序的具体步骤如下。

1. 分析市场机会

营销程序的第一步，就是根据企业在市场上的销售经验和核心能力，来确定企业进行新产品开发的机会。为了评估新产品开发的各种机会，企业需要通过市场调研了解以下重要的信息。

（1）了解有关微观环境的信息。企业需要了解营销微观环境中的供应商、中间商、顾客和竞争者的信息。

（2）了解有关宏观环境的信息。企业需要了解影响企业经济、技术、政治、法律、社会以及文化等宏观环境的信息。

（3）了解有关消费市场的信息。企业需要了解新产品所针对的消费群体的特征以及他们的购买动机、消费者对不同品牌产品的评价以及他们愿意接受的价格水平等。

企业一旦分析清楚所面临的营销机会，就可以准备选择目标市场并制订相关的营销战略了。

2. 制订营销战略

制订新产品开发的营销战略要注意以下四点。

（1）新产品开发的营销战略首先要有一个定位战略。制订新产品开发的定位战略，应该避免出现以下问题。

①定位过低。这种错误的定位战略所造成的直接后果是，消费者根本体会不到企业的独特之处，就是说产品的特色优势并不是很明显。

②定位过高。所谓定位战略过高，是指消费者由于知识结构或者视野的限制，对企业所生产的新产品了解得十分有限，不能真正体会出新产品的卖点。

③定位混乱。这种错误的定位战略所造成的直接后果是，使消费者对新产品的印象十分模糊。引起定位混乱的原因有可能是企业对新产品的定位主题太多，也有可能是因为企业过于频繁的定位变换。这使消费者难以分辨到底新产品代表的是哪一种定位。例如，有的企业在开发新产品的过程中，一开始将其定位在老年人的消费领域，紧接着又将其定位在青年人的消费领域，后来又将其定位换到少年儿童的消费领域，这就属于定位混乱。

④定位怀疑。这种错误的定位战略所造成的直接后果是，使消费者对企业所推出的

新产品的定位宣传产生很大的怀疑。例如,有的保健品声称能治各种疑难杂症,这很容易让人产生怀疑。因为如果该产品的功效果真如宣传的那样神奇,消费者根本就不需要去医院看病了。

(2)新产品推出以后,新产品的开发战略必须调整为产品在生命周期的不同阶段的战略。

(3)新产品的营销战略还取决于企业在市场上的地位。企业在市场中的地位要么是领导者,要么是挑战者,要么是追随者,要么是补缺者。市场地位不同,企业所采取的营销战略也就不同。新产品的营销策略主要有以下三种。

①市场领导者的战略。作为市场领导者的前提是,所有其他的企业都承认其统治地位。但如果该企业不享有合法的独占权力,它的领导者地位将会时刻面临威胁和挑战。

处于统治地位的企业需要采取怎样的战略才能保持其第一的优势呢?

◆进行新产品开发的企业可以采取扩大总需求的方式来保持其领导地位。占统治地位的企业,往往在扩大总需求时收益最大。企业可以通过增加新的用户、增添产品的用途、开发出使用价值更多的产品等方式来扩大总需求。

◆企业可以通过好的防御和进攻行动来保护其现有的市场份额。

◆企业也可以通过扩大市场份额的方式来保持其统治地位,如通过大量的铺货来维持企业的市场统治地位。

②市场挑战者的战略。市场的挑战者可以攻击市场的领导者和其他竞争者,以此夺取更多的市场份额。市场挑战者的进攻战略既要灵活选择正面进攻或者采取迂回"包抄"的方式,也要灵活选择价格战、服务战等具体的"进攻"方法。

③市场追随者的战略。大多数企业愿意追随而不是向市场的领导者挑战。因为作为市场的追随者,企业获得的利润将会更高,且不用承担创新的费用,还可以降低企业的经营风险。市场的追随者是市场挑战者攻击的主要对象,因此它也需要制订一条不会引起竞争者报复的成长路线与预防措施。

◆追随者的仿制战略。仿制者复制领导者的产品和包装后生产出新产品,在低价市场上销售给一般的经销商。该战略的最大特点就是能够利用铺天盖地的低价产品来迅速占领市场。

◆追随者的紧跟战略。紧跟者与仿制者的不同之处在于,紧跟者只是模仿领导者的产品和品牌,也就是说,该企业的产品与领导者的产品和品牌没有太大的区别。

◆追随者的模仿战略。模仿者并不完全模仿领导者的产品,只是在产品的部分特性上模仿,在价位和广告上又会有所不同。

◆追随者的改变战略。改变者的最大特点就是:先接受领导者的产品,再在原产品的基础上加以改进,制造出新产品进行销售。追随者的改变战略在汽车行业比较常见。

④市场补缺者的战略。有些企业为了避免与大企业竞争,常常将目标瞄准不太引人注目的缝隙市场,因此也可以称其为市场补缺者或小市场的领导者。市场补缺者可以采取创造补缺的战略、扩展补缺的战略或保卫补缺的战略,开发出小而独特的市场来满足其需求。

(4)新产品开发的营销战略还应该考虑全球的营销机会和挑战。一旦新产品瞄准的是国际市场或者说新产品被经济全球化的潮流推向国际市场,那么新产品的营销机会就由一国扩展到全球,它的竞争对手的范围也就相应地扩大了。

3. 制订营销方案

营销战略制订出来之后,就必须转化为营销方案。制订营销方案应按以下的步骤进行。

(1)企业必须对达到营销目标所需要的营销费用做一个合理的预算。

(2)企业必须对营销组合中的各种工具,即产品、价格、渠道、促销这四个方面进行合理的资源分配。

(3)企业的新产品开发人员必须决定如何将营销费用合理分配给产品、渠道、促销媒体和销售领域等方面。

4. 进行营销管理

从事新产品开发的企业必须有一个营销组织来实施营销计划。营销组织通常由一位营销副总经理来负责管理。这位营销副总经理的主要职责如下。

(1)协调全体营销人员的工作。

(2)配合其他管理职能的副总经理的管理工作。

(3)对下属进行选择、培训、指导、激励和评价。

以上就是新产品开发企业应该遵循的营销程序的全过程。

> **关键点提示**
>
> 新产品开发的营销程序要点是：
>
> 1.分析市场机会；2.制订营销战略；3.制订营销方案；4.进行营销管理。

1.22 如何开展新产品开发的关系营销

> **工作场景描述**
>
> 当企业想要动员更多的力量配合新产品开发时，可查看。

 解读与分析

新产品的开发不能仅仅依靠企业本身来完成，应该动员尽可能多的力量来配合。那么，如何利用企业周围的力量呢？这就涉及一个关系营销的问题。

关系营销分为纵向的关系营销和横向的关系营销两种类型。

1. 纵向的关系营销

纵向的营销关系，具有如下优势。

（1）与供应商的伙伴关系。这种方法可以使供应商更好地接近顾客，充分了解顾客的需求，也可以使供应商更好地服务于供应链中的创新活动。例如，供应商的技巧和经验可以为企业补充开发新一代产品的技术力量。

（2）与分销商的伙伴关系。可以提高企业进入下游市场的效益和效率。例如，通过与分销商的合作关系，企业能够获得源源不断的竞争优势，这样即有助于企业更有效地实施营销计划，又能够使市场信息很快反馈到供应商那里。

（3）与客户的伙伴关系。与客户的长期伙伴关系的建立是很重要的。在各种类型的市场上，特别是在高科技的市场上，这一点尤为重要。由于企业需要客户来测试产品，得到创新的构思，所以与客户的伙伴关系的建立就使企业拥有了一个强大的信息源。而且，与客户长期的伙伴关系的建立，可以让企业得到忠实的客户，赢得某类产品中客户购买力的终身价值。

2. 横向的关系营销

横向的营销关系既可以与竞争公司组成，也可以与企业生产配套互补产品的供应商组成。这种横向的营销关系的建立，能使新产品的生产成为完整的一体化的解决方案。

企业开展关系营销来支持新产品的开发，往往能够产生双赢的结果。具体来讲，有以下四点。

（1）获取资源和技术便利，节约成本。如果伙伴关系的建立不能够帮助企业获得资源和技术便利，这样的伙伴关系就没有多大的意义。例如，思科公司为得到光纤技术，就与某家拥有该技术的公司建立了伙伴关系，从而节约了自己开发光纤技术的成本和时间。

（2）加速打入市场。无论是纵向的关系营销还是横向的关系营销，都可以让企业加快开发新产品的速度，使新产品更快地打入市场。

（3）开发出互补的产品。与供应商纵向伙伴关系的建立，可以帮助企业生产出与企业现有产品互补的产品，扩展企业的产品线。

（4）使企业在市场中占据有利的地位。与竞争者横向伙伴关系的建立，可以使企业避免由于竞争消耗而造成的损失，从而抢占市场先机，获得在市场中的有利地位。

以上是关系营销的优势。但是，企业关系营销的建立是有原则的，并不是说只要建立了关系营销，企业就可以高枕无忧了。关系营销的建立要承担以下四种风险。

（1）企业要冒失去自治权和控制权的危险。由于合作的原因，企业必须与建立伙伴关系的企业并肩战斗，共同决策，有时甚至是共享决策权，因此就有可能面临失去自治权和控制权的危险。

（2）企业有可能付出泄漏商业机密的代价。尽管有的企业在与其他企业建立伙伴关系时签署了保密协议，协议期内是阻止了合伙企业非法利用彼此之间的信息，而一旦伙伴关系终止，企业则没有能力约束其他企业对商业机密的使用。

（3）合作有可能使企业面临违背反垄断法的危险。与大企业的合作还有可能触及法律的问题，因为这种合作加大了企业的规模，影响了行业的竞争模式，有可能造成其他小规模企业的不满。更糟的是，如果问题大到违背反垄断法，企业的处境就会更加艰难。

（4）合作有可能达不到企业预想的目标。伙伴关系的最大风险就是，有些伙伴关系不一定能达到预想的目标。原因既有可能是合作企业之间的文化冲突，也有可能是合作企业根本就不在乎维护这种营销关系，还有可能是伙伴之间的不够信任和能力缺乏。

成功的伙伴关系应该具备以下七个特征。

（1）相互依赖的伙伴关系。为了提高营销伙伴关系成功的概率，合作双方都必须依靠对方，以获取一些十分有价值的资源。彼此之间的依赖是关系营销的基础，相互依赖意味着合作双方都怀着确保合作关系成功的动机。如果两个伙伴的规模相差很大，如其中的一个企业是新起步的小企业，拥有先进的技术，而另一个企业是较大规模的企业，拥有充足的资源，这种合作关系的建立就很容易产生相互依赖，这样的关系营销就更具备成功的可能性。不公平或者不对称的伙伴关系的依赖性往往会破坏双方的合作基础，其中的一方不仅会遭到另一方的打击和剥削，还要忍受合作伙伴并不对等的承诺。

（2）相互信任的伙伴关系。所谓信任，指的是如果一方受到伤害，另一方会做出最大程度的符合双方利益的决策。信任在建立有益的营销关系的过程中是必不可少的，因为只有合作的双方相互信任，才会利益共享，在共同行动的时候才会服从稀缺资源的最恰当调配，从而使双方均获得长远的利益。

（3）积极承诺的伙伴关系。所谓承诺，就是把关系延续到未来的许诺，这是战略联盟成功的关键要素。如果建立了营销伙伴关系的企业之间有事先的承诺，那么任何一方违背该承诺都将受到相应的惩罚。因此，比起没有承诺的合作关系而言，有承诺可以减少一方遭受损失而另一方占便宜的可能性。有了承诺，合作伙伴之间一定是相互肯定的，并且会十分尊重对方所做的贡献，甚至会为了这种承诺而做出纯粹是对伙伴关系有益的投资。当然，这种承诺的前提一定是积极的、主动的，而不是消极地"为了承诺而承诺"。

（4）积极交流的伙伴关系。有效的交流对建立了伙伴关系的企业来讲，同样是十分重要的，甚至是绝对关键的。有效的交流是以频繁的信息共享为特征的，甚至可以共享那些可能被认为是专利的信息。这样的交流是双向的，建立了营销关系的双方都要参与信息的交流，积极对各自存在的潜在问题交换看法。同时，需要有人负责维持信息渠道的开放状态，营造畅通的交流平台。

（5）有良好管理机制的伙伴关系。所谓管理机制，是指合作企业之间约定的一系列条款、条件、制度和程序，并且由企业用来管理两个企业之间发生的互动关系。管理机制可以是单边的，即在简单的情况下，可能将决策权授予一方，由一方来行使所有的管理权力；管理机制也有可能是双边的，即以双方对行为活动的期望为基础，由双方共同管理的机制。一般来讲，管理机制应当与伙伴关系中的风险级别相匹配。就是说，当合作一方的资产处于风险之中时，另一方不能以机会主义的方式行事，或者在合作风险相当高的时候，有必要建立一套严格的管理机制来降低风险。企业之间既可以基于"可靠的承诺"，也可以进行双向投资来降低风险，还可以签订有限制的协议来保护易受攻击的一方。

（6）以互通的企业文化为基础的伙伴关系。如果建立了营销关系的双方的企业文化是互相冲突的，本来可以产生协同增效的优势就很难实现。例如，IBM的员工习惯了比较正式的氛围，苹果公司的员工则喜欢在开放的、没有等级的环境中工作。这两家企业的联合必定会有不和谐之处，就会影响到双方共同优势的融合。相反，如果合作伙伴的企业文化是可以融合的，企业之间营销关系的建立则是十分积极的、有益的，对企业的资源整合也可以做出很大的贡献。

（7）对矛盾友善的解决态度。即便是在企业内部，也会产生许多矛盾，在建立了营销关系的不同企业之间产生矛盾就更不足为奇了。从对矛盾不同的解决方式，我们可以看出企业之间所建立的营销关系是否成功。一般来讲，积极的伙伴关系会寻求一种使结果对双方都有利，同时又能够满足双方需要的、使合作双方都受益的化解方式。矛盾解决的方式没有固定格式可循，必须根据合作企业双方的特点有针对性地设计解决方案。

综上所述，良好的营销关系的建立对开发新产品的企业来讲，毫无疑问是受益无穷的，关键在于企业如何把握营销关系建立的尺度，同时尽量降低由此带来的风险。

> **关键点提示**
>
> 成功的关系营销应该具备的特征有以下七点：
>
> 1.相互依赖的伙伴关系；2.相互信任的伙伴关系；3.积极承诺的伙伴关系；4.积极交流的伙伴关系；5.有良好管理机制的伙伴关系；6.以互通的企业文化为基础的伙伴关系；7.对矛盾友善的解决态度。

1.23 如何进行新产品开发的环境因素分析

> **工作场景描述**
>
> 当企业对开发新产品的环境进行考察时，可查看。

解读与分析

影响新产品开发的宏观环境因素主要包括人口环境、经济环境、科技环境、政治法律环境、社会文化环境等。影响新产品开发的这些环境因素之间存在各种各样的联系。这些因素构成一个系统，对新产品的开发起着不同的作用。

1. 人口环境

（1）人口的地理分布。人口的地理分布是很不均匀的，即便在同一区域内，差别也很大。企业有必要在充分研究人口的地理分布后再确定新产品的开发方案。在不同的地理环境下，人口的稠密程度也不一样，从而使企业获得资源的方式和数量有很大的不同。人口的稠密度高，意味着人力资源的获得比较方便和迅捷，也有利于新产品营销活动的开展。

（2）人口总量和增长率。高人口总量和高人口增长率对企业新产品的开发有着积极影响，因为它会带来越来越大的产品需求。

（3）人口的年龄分布。产品的营销策略在很多方面是同目标消费群体的年龄因素有直接联系的。企业应该针对不同年龄制订不同的营销策略。对人口老龄化程度高的地区，企业可以考虑朝着保健品的方向组织产品的生产和销售。如果人口的年轻化程度比较高，企业可以考虑朝着时尚型、前卫型的产品路线发展。

（4）人口的收入分布环境。人口的收入情况对新产品的开发也有十分重要的影响。国家不同，地区不同，人口的收入都不同，甚至同一国家、同一地区的人口收入也会有一定的差异。不同的收入，决定着不同的购买力。人口收入较高的国家和地区，购买力也会比人口收入较低的国家和地区要高。

2. 经济环境

（1）世界经济大环境。随着世界经济一体化的程度越来越高，各国的相互联系也越来越紧密，国家之间的依赖性也越来越强。正如混沌数学所说的那样，佛罗里达州的一只蝴蝶扇动一下翅膀，有可能引起大洋彼岸的一场风暴。因此，研究世界性的经济变动情况，对新产品的开发起着很大的指导作用。

（2）国别性的经济环境。国别性的经济变动情况可以通过一系列的国别性指标反映出来。国别性的指标通常包括国民生产总值、国内生产总值、国民收入、个人收入和个人可支配收入等。

①国民生产总值和国内生产总值都是用来衡量一定时期内，社会最终产品和劳务总价值的重要指标。两者的不同之处在于所包含的内容不同。

国民生产总值指的是一个国家的国民在一定时期内在国内外所生产的最终产品和劳务总额的货币价值。所有本国公民和长住外国但仍是本国国籍的居民所生产的最终产品和劳务价值，都要列入本国的国民生产总值。

国内生产总值指的是在一定时期内，在一个国家的领土范围内，本国和外国居民所生产的最终产品和劳务的价值总和。也就是说，只要是在本国国内生产的产品与劳务，都要计算产值，而不考虑由什么人生产，归什么人所有。

②国民收入与国民生产净值有着相同的物质内容和劳务内容。也就是说，国民生产总值扣除了固定资产折旧费，但二者分析的角度和采用的价格不同。

国民收入是从要素收入的角度计量的，国民生产净值是从生产的角度计量的。

③个人收入和个人可支配收入是衡量社会成员收入与消费能力的指标。

个人收入衡量的是全社会成员在一定时期内从各种来源获得收入的总和。

个人可支配收入是指实际可用于个人消费支出和储蓄的收入，等于个人收入减去各种个人收入所应缴纳的税款后的余额。个人可支配收入代表一种购买力，是新产品开发考虑的一个重要指标。

3. 科技环境

科技是第一生产力。科技给经济的发展和人们的生活带来了重大的影响。在新产品的开发过程中，尤其要注意科技的作用。企业对科技的重视程度，影响着新产品的开发进程。

企业应当关注的科学技术方面的因素有：

（1）科技的发展程度。科技正以其惊人的速度向前发展。例如，诞生于现代的科学家占了从古至今所有科学家数量的90%。

（2）科技缩短了产品的生命周期。现在，某种产品的全部更新，如机电产品需要20年，电子产品不到10年，宇航产品只有7年。

（3）科研经费增长迅猛。

（4）科技开发逐渐融入更多的人文色彩。

4. 政治法律环境

政治环境看似与新产品的开发无关，但由于政治是经济的上层建筑，因此企业时刻关注政治走势，密切注意政治形势的发展不失为明智之举。企业不仅要了解国家的大政方针，还要了解国家制定的各项基本经济政策，更要了解各项法律、法规的基本规定，并时刻关注这些因素的变化，以便及时做出应变措施。

5. 社会文化环境

广义的文化包括人类创造的所有物质文明和精神文明的总和。狭义的文化包括多重含义，主要是指人类群体在世代相传的过程中所形成的、意识到的和尚未意识到的，但又确实潜在影响着人们行为的价值观念、社会态度、伦理道德、风俗习惯等意识形态的总和。企业在开发新产品的过程中，一定要考虑到社会文化的深厚影响力。要考虑的社会文化因素一般包括以下内容。

（1）价值观念。价值观念是指人们关于客观对象的总的观点和总的看法。作为整个社会的价值观念是人与自然、人与人、人与社会关系的集中反映,对个体行为具有规范性的特征。价值观念对人们的影响是深层次的,难以改变。了解人们价值观念的取向对新产品的开发大有裨益。

(2)宗教信仰。宗教信仰在某种程度上是人们的价值观念的一种反映,但它又在价值观念的基础上对人们有更多的行为规范,而且这些规范具有很大的约束力。恰当的新产品营销策略必须是在尊重宗教信仰的前提下实行的。

(3)风俗习惯。特定的风俗习惯决定了一个民族、一个地区的消费取向。如果不了解人们的风俗习惯,势必会给新产品的设计和生产带来难以想象的难题,甚至引发大的民族和地区冲突。

综上所述,在新产品的设计和开发过程中,环境因素的影响作用不容忽视。

> **关键点提示**
>
> 影响新产品开发的环境要素有:
> 1.人口环境;2.经济环境;3.科技环境;4.政治法律环境;5.社会文化环境。

1.24 如何进行新产品开发的资源因素分析

> **工作场景描述**
> 当企业为了使各种资源的综合利用效果达到最优时,可查看。

解读与分析

世界上没有无成本的开发项目,因此在新产品的开发过程中,资源必须到位。但许多企业似乎并没有理解资源到位的真正含义,他们在开发新产品的过程中,不是充分利用各种必要的、可以利用的资源,而是拼命削减产品投资,从而达到削减开发成本的目的。这无疑犯了短视的毛病。企业必定会在不久后承担由于资源短缺而带来的严重后果。企业可以利用且必须用到的资源有以下几种。

1. 资金资源

一般而言，成功的项目会在市场营销活动中比失败的项目多花费 2 倍的资金。这种趋势不仅一直会延伸到所有的营销活动，而且会一直延伸到同一项目的各个阶段。不仅如此，企业在关键项目上的投入资金也应该比非关键项目的投入资金多。

由于大部分资金是在新产品上市阶段或者是项目快要结束时投入的，企业应该统筹规划新产品开发过程中所需要的资金分布，以免由于资金缺乏而影响项目的顺利进行。企业应该考虑的资金利用情况包括以下几种：

（1）企业必须考虑在现阶段投入多少资金来进行新产品的营销活动。它包括企业新产品的初步市场评估、市场营销的调查工作、对顾客的测试工作、小范围的试销工作等。

（2）舍得在新产品的营销活动中投入必需的资金。

（3）舍得在关键性的新产品营销活动中投入资金。

2. 人力资源

没有足够的人力资源也被视为企业在开发新产品的过程中遭遇到的资源匮乏的情况之一。一般来讲，成功项目在前期阶段的人力资源投入成本是失败项目的 1.75 倍。在人力资源利用的问题上，仅仅考虑满足新产品开发所需的数量是远远不够的，还应该从以下几个方面改进。

（1）新产品开发过程中的工作与人错位。开发新产品，对每一个工作人员来讲都意味着工作内容要发生一定的变化。当然，这种变化并不仅仅意味着个人的工作发生了变化，还意味着企业的组织结构也发生了变化。如果企业不能很快地适应这种变化，极易在开发新产品的过程中发生工作与人的错位问题。所谓工作与人的错位，是指工作中被安排了不适合的人选，或者工作人员被安排了不适当的工作，或是指某项工作根本就找不到合适的人才，或者某些技术专家无法安排到合适的工作岗位。因此，企业必须在新产品的开发中很快适应这种变化，尽快获取更多的信息，聘请或者培训更多的专业人才，充分利用现有工作人员的能力空间，必要时考虑外聘"空降兵"，使企业的现有工作程序与新产品的开发程序接轨。这种工作与人的错位问题必须较早考虑，否则一旦新产品的开发工作投入运行，就会很快暴露出人员或力不从心，或人浮于事，有的岗位人满为患，有的岗位又缺乏基本的技术人才的弊端。

（2）人员的绩效问题。在新产品的开发过程中，人员的绩效考核也是一个值得注意的问题。企业通过对新产品开发人员的绩效进行考评和控制，可以给员工提供工作上的反馈，帮助其扬长避短，改善绩效，提高能力与素质，从而加快新产品开发的进程，保证开发程序的优质。同时，企业也可以通过对新产品开发人员工作绩效的考评获得反馈信息，并据此制订出相应的人员调整措施，改进新产品开发的人力资源利用效能。

3. 时间资源

与资金资源、人力资源比较起来，时间资源似乎是一个比较抽象的概念，不好把握。其实不然，企业在开发新产品的过程中，一方面要讲效率，也就是用尽量少的时间投入取得最大的效果；另一方面，又要避免由于时间投入过多而造成工期延误。另外，要掌握并行时间内的工作运行，争取在交错时间内对工作进行统筹安排。盲目赶进度肯定是行不通的，但拖延工作时间同样会使企业产品的开发上市与良好的市场机会擦肩而过。因此，企业的新产品开发人员一定要把握好时间资源利用过程中的"度"的问题。

4. 物资资源

物资资源指的是企业的投入品。企业投入品同样存在一个是否适当的问题。过多的投入，会使企业的库存加大，降低现有设备的生产效率，减缓新产品开发设计和新一轮运营的进程。如果投入品过少，则会使企业因得不到充分的物资支持而耽误生产进程。

综上所述，当企业审视和分配各种可利用资源时，一定要结合优质、高效的利用原则，使各种资源搭配起来综合发挥作用，为新产品的开发提供最有效的支持。

关键点提示

对新产品开发的资源因素分析的要点是：

1.资金资源；2.人力资源；3.时间资源；4.物资资源。

新产品运营管理常见问题清单

1.25 如何进行新产品开发的市场因素分析

> **工作场景描述**
> 当企业对新产品未来市场的认知并不全面时，可查看。

以市场为驱动的宗旨在新产品的开发中起着非常关键的作用，成功的新产品可以全面体现顾客、竞争环境等各要素的要求。在新产品的创意产生之初，企业应该将资源更多地分配给以市场为导向的创意活动，在确定产品要求和规范的时候，以市场为导向的思想也应贯彻落实在产品的设计之中。许多企业由于未能在新产品开发的项目中贯穿以市场为导向的思想，忽视市场调查，不充分分析市场，缺乏全面的市场测试，最后导致失败。

说到市场，就离不开顾客。人们在开发新产品的时候，常常在心里假设这一新产品在市场存在许多潜在的购买者，他们正等着购买这种产品。然而，事实上潜在的购买者可能已经形成他们各自的购买习惯。当他们注意到市场上出现一种新产品时，不会不问青红皂白地就出钱购买，而是首先会花一段时间了解该新产品，然后才会决定是否购买。也就是说，一种新产品刚推出市场就被市场接受的情况非常少见，新产品必须经历严峻的市场考验后才会被市场所接受。因此，在以市场为导向的新产品开发项目中，要注意以下顾客策略。

1. 帮助顾客了解其潜在的需求

如果已知消费者的需求，按照其需求生产新产品，这对企业来讲方向比较明确，开发难度也较小。但是在许多情况下，消费者并不明确自己的需求，或者是他们有一些需求但无法描述出来。因此，企业开发新产品的任务就是首先找出消费者的潜在需求，并明确地描述出来。

2. 消除顾客的顾虑

任何新产品上市都有一个被顾客逐步接受的过程。对每个顾客来说，他们都不会轻易尝试一种从来都没有用过的产品。因此，企业应该消除顾客的顾虑，使他们更容易接受新产品。

前面所提到的销售测试就是为了消除顾客的顾虑而做的努力。这样做的成效是显而易见的，因为的确有许多顾客是在品尝后才下决心购买的。有的顾客在交完押金后由于觉得产品挺合心意，就不会要求退还押金。还有的顾客甚至会主动替企业宣传新产品的好处。企业应该看到小范围试销的优越性，并采取相应的策略，例如产品试用、包退包换甚至无条件退货。这些策略都会促使新产品受到广大消费者的青睐。

3. 与顾客合作进行新产品的开发

企业应该将新产品的开发视为一个互动的过程，因此，与顾客合作开发新产品不失为良策。通过这种方式，企业可以及时了解到顾客对新产品的反应，吸纳顾客对产品样品、初期产品，以及产品的描述、广告、定价等方面的早期意见，并对初步方案进行完善，使之更符合市场的需要。

4. 瞄准顾客的"家庭圈"开发新产品

正如麦当劳早早地就将目光瞄准儿童市场一样，新产品的开发不能单纯关注特定的顾客，而应该进军家庭市场。瞄准顾客的"家庭圈"开发新产品，需要在技术和基础设施方面集中投资，从而构筑起保证开发的有力平台。

综上所述，市场因素在新产品开发中的作用应该时刻与顾客的需求联系起来。

关键点提示

顾客策略有：

1.帮助顾客了解其潜在的需求；2.消除顾客的疑虑；3.与消费者合作进行新产品的开发；4.瞄准消费者的"家庭圈"开发新产品。

1.26 如何进行新产品开发的竞争因素分析

> **工作场景描述**
> 当企业对新产品将要进入的环境与竞争对手做比较认知时，可查看。

解读与分析

科特勒的营销理论认为，忽略了竞争者的公司往往绩效比较差，效仿竞争者的公司往往是一般的公司，引导着竞争者的公司往往是获胜的公司。可见在新产品的开发中，进行竞争因素分析是很有必要的。那么，需要从哪些方面来分析影响新产品开发的竞争因素呢？

1. 识别主要的竞争因素

面对激烈的市场竞争，为了能够抢占先机，聪明的企业一定要首先对各种竞争因素做一个透彻的分析，再制订相关的方案。企业可以识别的实际的和潜在的竞争因素的范围是相当广泛的。企业在开发新产品的进程中，不仅面临当前竞争因素的威胁，还面临可能出现的竞争因素的潜在威胁。

（1）来自替代品的因素。如果在某个细分市场内的产品存在现实的或者潜在的替代品，则该产品的价格和利润的增长就会受到替代品的影响。另外，如果该细分市场内替代品的技术有所发展，就会加剧竞争的激烈程度，这个细分市场中原有产品的价格和利润就有下降的可能。这样的细分市场对进行新产品开发的企业来讲同样不具有吸引力。

（2）来自新的竞争者的因素。如果细分市场的进入壁垒高、退出壁垒低，该细分市场对企业来讲是很具有吸引力的。因为在这样的细分市场中，由于进入壁垒高，新的公司很难进入，大大减少了新的竞争者对新产品开发企业的威胁。由于该细分市场的退出壁垒低，对原来就存在的企业来讲，万一经营不善可以安全地撤退，从而大大降低了企业开发新产品的风险。如果该细分市场的进入和退出壁垒都较高，企业虽然能够减少新的竞争者的威胁,但也加大了投资风险。

如果该细分市场的进入和退出壁垒都较低,企业可以进出自如,虽然获得的报酬不高,但非常稳定。不过,新的竞争者也会很容易打入这样的细分市场,对原有的企业造成一定的威胁。

如果该细分市场的进入壁垒较低,而退出壁垒较高,对新产品开发企业来讲,就会面临极大的竞争压力和威胁;也会很容易造成市场中大部分企业的生产能力过剩、收入下降的后果。

(3)来自顾客的因素。如果某个细分市场顾客的讨价还价能力很强,就意味着顾客可以想方设法压低价格,对产品的质量和服务提出进一步要求。这样很容易造成企业之间残酷的竞争,降低新产品开发企业的利润。值得注意的是,如果顾客联合起来,就会大大加强其讨价还价的能力。

(4)来自上游单位的因素。如果企业的上游单位(如原材料和设备供应商)能够通过减少供应的数量、提价或者降低产品和服务的质量对新产品开发企业造成威胁,那么该细分市场对企业来讲也不具有很强的吸引力。值得注意的是,如果上游单位联合起来,就会大大加强其讨价还价的能力。

2. 分析创新因素

在识别了形形色色的竞争因素之后,新产品开发企业可以重点考虑创新对竞争力的贡献。企业进行新产品开发时更应该重视产品的创新。创新分为渐进式创新和激进式创新。

新产品开发企业可以采取渐进式创新模式来开发新产品,稳步增加新产品的竞争实力;也可以采取激进式创新模式,较快获取有利的竞争因素,并迅速占领市场;还可以从渐进式创新过渡到激进式创新,实现由稳步到加速增强竞争实力的目的。

激进式创新的特点概括如下。

(1)激进式创新是由供方市场开发出来的。

(2)激进式创新是由企业、大学、研究实验室的研发小组开发的。

(3)创新人员对创新所能够起到的实际的商业性运作不做专门的考虑。

(4)激进式创新沿用的多是带有突破性的技术,其竞争优势在于它所提供的功能比现有的方法和产品的功能要优越得多。

实际上，稳定的渐进式创新和激进式创新是一个不可分割的整体。在企业的实际活动中，一般不会出现单纯的渐进式创新或者单纯的激进式创新，只有将二者有机结合，才能发挥出最大效果。

综上所述，只有通过对竞争因素的有效识别和对创新方式的恰当选择，才能形成较全面的新产品的竞争因素分析。

> **关键点提示**
>
> 新产品开发的竞争因素分析包括：
> 1.识别主要的竞争因素；2.分析创新因素。

1.27 如何进行新产品开发的领导层因素分析

> **工作场景描述**
>
> 当企业为开发新产品要争取上级部门强有力的支持时，可查看。

解读与分析

企业最高管理层的支持是新产品开发的一个必要因素，最高管理层的支持和新产品的成功密切相关。最高管理层应该具有的支持作用主要体现在以下四个方面。

1. 在新产品推向市场的时候提供有力的支持

在企业进行新产品开发过程中，最需要最高管理层支持的时候就是新产品推向市场时，因为最高管理层可以通过集中资源制订出有利于推动新产品开发进程的制度和实施方案，从而推动新产品开发项目的顺利实施。也就是说，最高管理层在这一过程中扮演的是幕后推动者的角色，主要作用是为新产品推向市场提供强有力的支持。

最高管理层必须形成一种有关产品创新的远见和战略，对作为增长源泉的内部产品生产做出长期的承诺。最高管理层所做出的有关新产品的远见和战略不能与企业本身的目标和战略相违背。最高管理层还必须对资源的正当需求做出保证，在开发新产品所需的资源短缺时不能将资源随意转作其他用途。最高管理层必须保证将新产品推向市场的程序合法化和制度化。

2. 对下属的新产品开发人员实行正当的授权

所谓授权，就是适当地放权给下属，让其放手去做职权范围内的事情，而不必受到最高管理层的权力羁绊。最高管理层不用事必躬亲，他们的作用并不在于每天都参与项目，手把手地教下属应该做什么。

最高管理层应该懂得适当放权给新产品开发人员，让他们在握有一定权力的基础上，灵活安排新产品开发的步骤和进程。也就是说，最高管理层的作用不在于微观的直管，而在于宏观的协调。如果总是不放心把权力下放给下属的新产品开发人员，就会使得新产品开发人员事事有顾虑，甚至贻误新产品进军市场的良好时机。

3. 最高管理层的设计师职能

最高管理层的设计工作要有长远性和整体性，而不能仅仅限于新产品开发工作的琐碎细节。企业最高管理层应该懂得授权给下属，但这只是传统意义上的权力的部分转移。随着企业机制的完善和企业文化的发展，企业的最高管理层必须具备新的职能。

根据彼得·圣吉的学习型组织的观点，企业的最高管理层已经具有设计师的职能。就设计的本质而言，它是一项整合的科学，是为了使某种事物发生功效。设计师必须确保企业负责新产品开发的各个组成部分能够互相搭配，从而发挥出整体的最大功能。设计师职能实质上是对管理者提出更高要求。如果说企业是一个系统，那么最高管理层不仅要保证企业内部的各个组成部分保持密切的联系，还应该时刻注意企业与周边环境的联系作用，要利用一切可以利用的资源保证新产品的开发工作顺利完成。

4. 最高管理层的服务职能

如果说最高管理层的授权和设计师两方面的职能都只是在暗示它仍属于高高在上的权威，那么最高管理层的服务职能则无疑充满"平民化"的色彩。

在企业的新产品开发过程中，最高管理层必须对本企业要达到的产品开发目标有一种神圣的使命感。这种使命感能够使最高管理层保持一种谦卑的态度和作风，全力以

新产品运营管理常见问题清单

赴地为新产品的开发工作做出应有的贡献。最高管理层服务职能的体现，能够使各个岗位的新产品开发人员对新产品开发工作有一种强烈的认同感。正是这种认同感产生了巨大的推动力，激励着各条战线的人员充分发挥自己的聪明才智，为新产品开发工作添砖加瓦。

综上所述，最高管理层能够对新产品的开发工作提供强有力的权力和资源支持，因此，新产品的开发工作必须重视企业的领导层因素。

关键点提示

新产品开发的领导层因素的影响有：
1.幕后支持职能；2.适当授权；3.设计职能；4.服务职能。

1.28　如何进行新产品开发的进度因素分析

工作场景描述

当企业进行新产品开发的进度安排时，可查看。

解读与分析

项目管理的一个很重要的内容就是进度控制，因此新产品的开发也应该高度重视进度的作用。合理的进度能够体现竞争优势，它可以使企业赶在市场的竞争状况发生改变之前将新产品投放到市场中，也可以使企业能够更快地实现利润。

由于进度对新产品开发的过程控制很重要，越来越多的企业开始积极寻求缩短新产品开发周期的方法。在赶进度的过程中应该注意以下四个问题。

1. 不要在很重要的时间段赶进度

如果在新产品开发早期就慌慌张张往前赶，使得前期的内部工作仓促、内容草率，市场调查和分析也不充分仔细，就会给后续工作带来极大的麻烦，甚至阻碍下一步工作的顺利进行。

2. 不要主观设定新产品开发的最后期限

所谓不现实，通俗来讲就是"明知不可为而为之"。有的企业为了激励新产品的开发人员，就给新产品开发周期设定一个极不现实的最后期限。结果当"大限将至"的时候，企业内部便会弥漫着恐惧感，每个人都诚惶诚恐地工作，此时新产品开发者想的更多的恐怕早已不再是如何按质按量地完成任务，而是完不成任务的可怕后果。

3. 不要在很重要的活动中赶进度

例如在顾客的试用阶段，如果企业毫不顾及顾客试用后的反应而把新产品快速推向市场，以期尽快地实现利润，其效果很可能适得其反。面对出现的质量问题，企业又不得不支付高昂的售后服务和维修活动的成本。更严重的是，这种做法会使企业在顾客心目中的形象大打折扣，很可能因此而失去顾客的信任。如果企业有下一步的新产品开发计划，将不得不花更大的代价来赢得消费者的再次信任。

4. 不要只重视不复杂的改进活动

有时候，企业会犯自欺欺人的错误。也就是说，明明知道自己的改进没有实质性的意义，还要坚持花精力去改进。例如，企业在产品线上所做的微小改良，并没有使整个新产品的开发活动得到实质性的进度改善，但由于这样的改进简单易行，而且看起来好像是在压缩新产品的开发周期，因此会使企业产生成功的错觉。

综上所述，企业在安排新产品开发的进度时，一定要从实际出发，切不可盲目求快，忽视效果。

关键点提示

新产品开发的进度因素分析要点有：

1.不要在很重要的时间段中赶进度；2.不要主观设定新产品开发的最后期限；

3.不要在很重要的活动中赶进度；4.不要只重视不复杂的改进活动。

1.29 如何招募新产品开发的各种人员

> **工作场景描述**
> 当企业想要招募新产品开发的各种紧缺人员时，可查看。

解读与分析

招募新产品开发的人员有许多途径。按照途径的走向特点，可以将其划分为外部途径和内部途径两种。

1. 外部途径

（1）发布广告。广告招聘是企业获取所需人员的常用方法。该方法的特点是信息传播的速度快、范围广，除了对应聘人员具有告知性外，还能够间接影响非应聘人员，从而扩大企业的影响力。运用广告的形式应该注意以下两点：

①广告信息要有较强的吸引力，让尽可能多的人了解到企业的人才需求信息；

②广告内容要准确、详细，清楚地阐明聘用的条件。

（2）就业机构，如人才交流中心、职业介绍所、劳务中心以及猎头公司。就业机构通常承担着双重职责，一方面为企业提供合适的人选，另一方面也为求职者挑选合适的就业单位。就业机构的招聘形式通常是人才交流会。企业和应聘人员可以通过人才交流会进行面对面商谈，加深了解，缩短应聘和招聘的时间。猎头公司掌握大量而又全面的招聘、求职信息，为那些需要获取高层次人才的企业以及有着求职需求的高级人才提供服务。

（3）人才机构，如学校、各类科研院所。学校每年都有大量的毕业生走入社会，因此它是企业招聘所需人员的重要来源。目前，越来越多的企业与学校建立了双向联合关系，如在学校设立奖学金，为学生提供实习的场所，或者干脆在学校建立毕业生数据库。通过以上多种联合方式，企业能够找到优秀的人才。另外，企业还可以通过在学校举办人才洽谈会直接获取所需人才。

（4）网络平台及其他形式。网络平台是随着计算机技术和通信技术的发展以及劳动力市场发展的需求而产生的招聘形式。采用网络平台传递招聘或者应聘信息，能够使得信息的传播范围比较广泛，传播速度比较快，且不受时间和空间的限制，为供需双方节约时间和精力。另外，企业还可以通过电话等特殊形式招聘。采用这种形式，招聘对象可以迅速了解到企业以及应聘岗位的信息。

总的来说，外部途径的人员选择范围比较广。

2. 内部途径

企业可以通过以下内部途径获取所需人员。

（1）直接公告。通过直接公告的方式，企业可以告知全体员工目前的职位空缺情况。直接公告方式的优点体现如下。

①体现公平竞争。直接公告加强了企业在招聘人员方面的透明度，体现出竞聘岗位的公平性；

②有利于提高员工的士气，培养积极进取的精神。通过直接公告，企业能够使员工意识到，只要自己努力，还是能够争取到发展机遇的。

③挖掘出企业的优秀人才。直接公告的方式能够让全体员工都知道企业空缺职位需求，使得有才能、有志气的员工脱颖而出。

（2）工作调配。可以采用以下四种工作调配方式。

①工作调换。工作调换又称"平调"，指的是在职务级别不发生变化的情况下工作岗位所发生的变化。工作调换的好处在于，能够给员工提供从事多种不同工作的机会，从而为员工将来的工作提升做准备。工作调换一般适合于中层管理人员，从时间上看，也可能是较长的。

②工作轮换。工作轮换是一种短期的工作调动，是指在组织的几种不同职能领域中为员工做出一系列的工作任务安排，或者在某个单一的职能领域或部门中为员工提供在各种不同工作岗位之间流动的机会。可以促进有潜力的员工在各个方面都积累经验，也可以减少企业员工因长期从事某项工作而带来的枯燥感。一般来讲，工作轮换是在普通员工之间进行的。

③提升或者提拔员工。从企业内部提拔一些人员来填补职位的空缺是重要的内部招

新产品运营管理常见问题清单

聘途径。这种方式的有利之处体现在以下两点。

◆鼓舞士气,稳定员工队伍。内部提升使得员工意识到努力工作是很有发展前途的,只要工作有成效,就不怕没有提升的机会;也可以有效地避免员工"镀完金就跳槽"的现象。

◆为企业迅速地找到合适的人选。从企业内部直接提升上来的人员,对本企业的工作环境和工作方式都相当熟悉,可以节省适应企业环境的时间和费用。但这种方式不可避免地存在一些缺陷。例如,由于人员的选择范围相对狭小,企业有可能得不到真正需要的人才。另外,正是由于名额的限制,待提升的职位成为所谓的"肥缺",造成人人争抢的局面,不利于企业的内部团结。

④内部人员的重新聘用。这种方式主要针对那些因企业困难而暂时下岗的技术人员。这也告诉人们:一旦企业的形势发生变化,就会重新聘用这些员工。

(3)推荐。推荐是指由本企业的员工根据企业发展需求推荐合适人选,供企业的相关部门选择和考核。这种方式的有利之处体现在,由于推荐人比较熟悉企业的情况,被推荐者能够获得尽可能详细的相关信息,企业也能够更加了解被推荐者,成功率较大。推荐的方法既可以用于内部招聘,也可以用于外部招聘。

(4)查找档案。企业的人力资源部门都有员工的档案,在招聘人员的时候也可以充分运用档案提供的信息,查找符合企业需要的人才。

综上所述,人员的招聘方式有外部和内部两种途径,招聘部门应根据企业自身特点选择适宜的人员招聘方式。

关键点提示

招募新产品开发人员的途径有:

1.发布广告;2.就业机构;3.人才机构;4.网络平台及其他形式;5.直接公告;6.工作调配;7.推荐;8.查找档案。

1.30 如何对新产品经理提出要求

工作场景描述
当企业考虑如何任命新产品经理时，可查看。

解读与分析

负责企业新产品开发的经理应该具备以下四个特征。

1. 有全局的精神

成功的新产品经理一定要懂得总揽全局，因为任何事情都不可能仅仅靠一个人的努力来完成。新产品经理也要懂得只有通过和其他人员及职能部门的协作才能完成新产品的开发工作。

2. 充分了解有关生产和销售活动的信息

这是指新产品经理要对生产技术及其标准有一个充分的了解，收集关于产品未来需求的信息。对于信息的充分掌握，可以帮助新产品经理适应企业的新产品开发活动。

3. 理顺内外部关系

新产品经理一定要妥善处理好与销售人员的关系。在这一过程中，一定要注意掌握分寸，既不能独断专行，也不能完全依靠销售人员。另外，当企业的其他部门没有积极配合新产品开发工作的时候，新产品经理一定要敢于提出问题和意见。

4. 重视消费者的需求

新产品经理在与生产部门和研发部门的接触过程中，一定要从消费者的角度出发，充分重视消费者现实的和潜在的需求。总的来讲，企业对新产品经理的要求是很明确的，也是很细致的。

> **关键点提示**
>
> 对新产品经理的要求是：
> 1.有全局的精神；2.充分了解有关生产和销售活动的信息；3.理顺内外部关系；4.重视消费者的需求。

1.31 如何做好新产品开发人员的培训

> **工作场景描述**
> 当新产品开发人员的培训已经提上日程时，可查看。

解读与分析

当企业原来的或者新招聘的新产品开发人员都已经到岗时，对这些人员的培训工作就提上了日程。

培训工作的目的在于使新员工熟悉企业的生产环境，掌握基本的专业技能，并使老员工进一步拓展自身的专业知识。员工培训是一件既耗费时间和精力，又必须占用企业部分资金的活动。因此，对企业来讲，一定要高度重视对员工的培训工作，使培训工作卓有成效。一般来讲，企业的员工培训工作要经过以下几个步骤。

1. 确定培训的需要

通常可以通过以下三种方式确定培训的需要。

（1）分析企业的组织结构。企业要注意以下两个方面。

①从企业的发展空间发现培训的需要。就是说，要能够预料到企业在未来几年或者更长的时间内组织结构的变化，并从这种变化中分析员工将来应该具备哪些知识和技能，以便适应企业组织的变化需要。通过分析，能够确定对员工培训的方向和重点，进一步推算出培训工作所需要的时间。例如，某会计师事务所打算在一年时间内实现会计

电算化，那么，该事务所就应该让其员工接受电算化会计知识的培训。

②从企业的文化要求上发现员工的培训需要。通过考察员工的缺勤率、离职记录等情况，可以了解到企业的士气情况，从中找出与企业文化要求的差距，从而确定培训的需要。

（2）分析员工的工作。工作分析即操作分析，指的是企业对员工如何完成各自承担的工作所进行的分析。通过对员工所从事的工作的分析，企业负责培训工作的人员能够了解该项工作要求的绩效标准是怎样的，员工的实际表现是否和这种绩效标准有差距，这种差距可能会对企业和员工带来什么样的后果以及员工是否已经认识到这种差距，是否希望进一步提高和改进等。工作分析又称差距分析，即通过找出员工与工作要求的差距的方式来确定培训的需要。

（3）分析员工的个人问题。所谓分析员工的个人问题，指的是将分析的重点放在员工个人身上，发现问题，找出原因，以促使员工的个人行为朝着企业或者该员工所期望的方向进行。一般来讲，缺乏专业的知识或技能、不良的工作习惯等，都有可能导致员工的工作绩效不佳。因此，通过分析员工的个人问题可以找出员工绩效低的原因，从而进一步确定培训的需要。

2. 设置培训的目标

设置培训目标的目的在于，使企业的培训工作朝着明确的方向进行。培训目标不能脱离企业的原则和宗旨单独设置，而要时刻体现企业真正的需求。企业的培训目标通常分为以下两大类型。

（1）传授基础知识。传授基础知识是一种智力的培训，通常包括对概念和理论的理解与纠正、知识的灌输与接受以及认识的建立与改变等。基础知识往往与实际的操作有一定的差距，企业在对员工培训的过程中，应该尽量使这种差距最小化，转变员工观念，与企业的要求保持一致。

（2）培养专业技能。专业技能的培训不能一概而论，应该针对不同层次的员工分别进行。对层次较低或者在具体生产线上工作的员工，专业技能的培训应该侧重具体的操作训练。对那些较高层次的员工（如项目经理），专业技能的培训应该主要是进行思维性训练，训练他们的分析与决策能力、人际交往技巧等。

3. 拟订培训计划

确定了企业的培训需要和培训目标之后，负责培训工作的部门就可以拟订培训计划了。拟订的培训计划应当全面、详细地描述出企业的各种培训程序和步骤。培训计划要根据企业既定的目标，具体确定培训项目的形式、学制、课程设置大纲、所使用的培训教材、培训教师、教学方法、辅助培训的器材以及辅助设施等。培训计划不是负责培训的部门闭门造车的产物，而要根据企业内部及外部环境的特征来拟订，要充分考虑企业领导者的管理价值理念和他对培训工作的重视程度。

4. 确定培训方式

例如，有的企业设有专门的培训中心和培训部，配有专业的教师。有的企业则是请企业的领导人员或者有经验的老师来传授经验。还有的企业干脆与大学建立直接联系，在大学或者由学校派来教师给企业员工进行培训。

5. 进行培训

培训计划要根据企业的特点和培训工作时间来实施。

6. 培训工作的总结和评价

对培训工作总结和评价的目的在于考察受训者经过培训究竟在哪些方面得到了提高，哪些方面经过培训仍然没有效果，总结经验、汲取教训，确定新的培训需要。

综上所述，企业的培训工作实际上是一系列工作的依序递进，在每个步骤中都应该体现出企业的培训目标及工作的优化。

关键点提示

员工培训工作的步骤是：

1.确定培训的需要；2.设置培训的目标；3.拟订培训计划；4.确定培训方式；5.进行培训；6.培训工作的总结和评价。

1.32 如何对新产品开发人员进行绩效考评

> **工作场景描述**
> 当绩效考评进入实际操作阶段时，可查看。

解读与分析

员工的工作绩效，指的是该员工的工作行为、工作表现及结果。

企业对各类新产品开发的人员进行绩效考评，目的是便于企业加强管理，鼓舞员工士气，促进企业目标的实现。例如，通过对员工的绩效考评，可以制订出相关的升迁、奖惩等人事决策。

通过绩效考评，企业也可以制订出培训计划等。一般来讲，企业所进行的绩效考评应该经过以下五个环节。

1. 制订考评标准

（1）制订考评标准可以避免主观随意性的干扰。

（2）考评标准必须以职务分析中的职务说明和职务规范为依据。

2. 实施考评

就是对员工的工作绩效进行考核、测定和记录。

3. 分析与评定考评结果

将员工绩效考评的记录结果与既定的考评标准对照，从而做出分析与评判，得出考评的结论。

4. 反馈结果

绩效考评的结果通常应该告知被考评的员工，使他们了解企业对自己的看法和评价，促使他们发扬优点，克服缺点。

5. 纠正偏差解决问题

企业要对在绩效考评中发现的问题采取纠正的措施进行解决。应该指出的是，不能

新产品运营管理常见问题清单

将纠正行为仅仅局限在员工的身上，因为绩效考评是主客观因素共同作用的结果，所以应当在对员工行为做出调整的同时，相应调整有关的客观环境。

从组织的层次上看，绩效考评也具有从下而上的顺序。

（1）对基层部门的绩效考评。这种考评通常是由基层部门的上级领导执行，考评内容包括以下三个方面：

①对员工的个人行为进行绩效考评，如可以考察员工是否按照企业所规定的工艺和操作规程工作；

②对员工个人的工作效果进行考评，如可以考察员工的出勤率、工作效率等相关内容；

③对影响员工行为的特征和品质进行考评，如可以考察员工的工作态度等。

（2）对中层部门的绩效考评。这种考评内容通常包括：

①对中层干部的个人工作行为和特征进行考评；

②对中层部门的总体工作绩效进行考评。

（3）对上层部门的绩效考评。这种考评通常是由企业所隶属的上级机构或者董事会来执行，主要考评经营效果方面的硬性指标完成情况。

综上所述，对企业的绩效考评既要注意考评程序，也要注意按照部门层次依次考评。

关键点提示

绩效考评的主要环节是：

1.制订考评标准；2.实施考评；3.分析与评定考评结果；4.反馈结果；5.矫枉过正。

1.33 如何提升新产品开发人员的绩效

> **工作场景描述**
> 当要采取措施提高员工的绩效时,可查看。

解读与分析

企业管理者往往会采取一些措施来改善和提升员工的绩效。一般来讲,可以采用以下四种方法。

1. 帮助员工改善绩效

针对那些由于习惯性的缺点而导致绩效问题的员工,这种方法是十分有效的。但是在具体运用的过程中,必须得到高层的管理者、部门主管以及员工本人的密切配合。

2. 对员工进行忠告

使用这种方法要依照以下步骤进行。

(1)确认那些经常出现低绩效的员工。

(2)将这些低绩效员工的相关信息,如出现低绩效的原因、频率等记录下来,并做好信息的分析处理。

(3)企业主管人员应当向低绩效的员工阐明绩效标准,并使其意识到问题的严重性。

(4)让这些低绩效的员工首先自己改进不足,提高绩效。

(5)在第四步未收到十分明显效果的前提下,主管人员应该和低绩效员工面谈,帮助他分析并找出原因,同时给予必要的建议和忠告。

(6)如果第五步的效果仍然不很明显,主管人员、主管人员的上级领导以及员工本人应该进行"三方"面谈,并对低绩效员工规定一个整改的期限。

(7)如果第六步仍然收效甚微,则应该对低绩效员工实行停职反省。

(8)如果以上的所有努力均不见实效,企业就可以对低绩效员工解聘处理。

新产品运营管理常见问题清单

3. 积极强化

所谓积极强化，指的是当员工达到企业所规定的绩效目标的时候，应该及时给予肯定、认可或者表扬等。采用这种方法应该根据以下三个步骤进行。

（1）根据工作分析，建立一个工作行为的标准体系。

（2）建立一个绩效考评的目标体系。该目标体系一定要具体、明确，富有一定的挑战性。

（3）对照绩效考评目标体系对员工进行考察，如果其绩效达到该目标体系的要求，则应该给予积极的强化。

4. 消极强化

消极强化，与积极强化的作用对象正好相反，它是针对那些绩效不佳的员工所采取的措施。一旦员工做出企业不希望出现的行为，企业的主管部门应当立即予以惩罚，以防止该行为的再次发生。

进行消极强化的过程中，应该注意以下三个问题。

（1）既要有一套严格的惩罚标准，又要在实际工作中灵活运用。

（2）惩罚不能没有轻重，要根据不同的人、不同的场合、不同的事情以及不同的违纪程度来实施轻重不同的惩罚。

（3）惩罚要体现公平原则，对事不对人。

综上所述，绩效改善是一个体现企业人性化管理的工作程序，要根据员工绩效的不同特点实施不同的绩效改善方法。

关键点提示

改善绩效的方法有：

1.帮助员工改善绩效；2.对员工进行忠告；3.积极强化；4.消极强化。

1.34 如何确立新产品开发人员的薪酬制度

工作场景描述

当企业涉及对新产品开发人员的奖酬公允问题时，可查看。

解读与分析

企业的奖酬制度不能不顾员工的感受而单方面设立，健全、公平、合理的奖酬制度必须要让企业和员工皆大欢喜。那么，在设计奖酬标准的过程中，企业应该注意哪些方面呢？或者说员工和企业的领导人对奖酬制度都有哪些要求呢？

1. 体现公平的原则

企业奖酬制度的设立是否体现公平的原则，将会直接影响员工的积极性，因此，公平性成了许多企业设立奖酬制度和进行奖酬管理的首要衡量指标。强烈的不公平感会使员工士气低落、工作态度消极，成为企业内部发展的不安定因素。那么，究竟如何体现公平的原则呢？

（1）企业奖酬制度的设立要有一套明确的原则来指导，有统一的、可以说明的规范作为依据。例如，对于不同学历的员工，要有不同的薪酬标准。

（2）奖酬制度要体现透明度，让所有的员工都能够了解并且监督奖酬制度的管理，谨防私底下的"红包交易"。

（3）要为员工创造公平竞争的机会。如果企业对员工提供的机会不均等，即使是按照统一的标准实行的奖酬管理，也难免有失公允。

2. 具有激励的特性

激励的特性主要体现在企业对内部员工的奖酬分配上，就是在企业内部的各类职务以及各种职务的奖酬水平上适当拉开距离，真正体现按照贡献分配的原则。

3. 体现竞争性

奖酬制度的竞争性是指奖酬制度的标准要有吸引力，只有这样，企业才能网罗到所需要的各类人才，而不至于被竞争者"挖墙脚"。但在体现竞争性的同时，企业也应该注意以下两点。

（1）奖酬标准的设立，一定要结合本企业的实力以及所需人才的具体条件来考虑。

（2）设立的员工奖酬标准，至少应该在市场平均水平之上。

4. 考虑企业的经济特性

竞争的特性和激励的特性都要求企业提高奖酬的水平，但实际的奖酬水平又受到企业经济特性的严格制约。

5. 考虑合法性

企业奖酬制度的设立不能脱离国家的法律、法规及政策要求。

综上所述，企业奖酬制度的设立一定要充分考虑以上几点要求，只有体现了以上要求的奖酬制度才是合理的、有效的。

关键点提示

对奖酬制度的要求如下：

1.体现公平的原则；2.具有激励的特性；3.体现竞争性；4.考虑企业的经济特性；5.考虑合法性。

第2章
新产品市场定价阶段常见问题

价格是市场极为敏感的因素。价格的变化不仅直接影响着市场对产品的接受程度，还影响着市场需求的大小和企业利润的多少，涉及生产者、经营者、消费者等多方面的利益。价格也是企业参与竞争的重要手段。市场营销环境的不断变化，要求企业能够高度重视产品的价格策略问题。科学的定价能够使企业获得最佳的经济效益，因此企业在开发新产品的过程中，应该高度重视对产品价格的管理。

2.1 如何按照正确的程序为新产品定价

> **工作场景描述**
> 当企业想按照正确的程序为新产品定价时，可查看。

解读与分析

产品定价是企业最重要的决策之一，其过程由多个环节组成，是一个循环往复的过程，需要在基本的定价战略原则下不断地调整，以适应市场和企业战略目标的需要。按照正确程序定价对企业具有重要意义。

产品定价的一般程序如下。

1. 选择产品市场

市场是企业利润的来源，因此，选择合适的目标市场，根据市场需求生产适销对路的产品，并根据本市场的特点定出适当的产品价格，是企业生存发展的关键。

2. 定价信息收集分析

定价信息的收集与分析是企业能够正确定价的关键，主要包括以下方面。

（1）企业外部信息：政府经济政策、市场供求状况、消费者购买力水平及变化趋势、竞争对手信息、竞争对手市场占有率、成本、质量和价格水平等。

（2）企业内部信息：产品成本、生产能力、质量、产品的市场占有率、产品研发情况、企业财务状况和企业所处客观环境等。

（3）信息的提炼与分析：将所收集到的企业内外部信息加工整理，提炼出对产品定价最有影响的主客观因素，为定价目标的制定提供参考。

3. 制订定价目标

制订定价目标是企业按照一定的目标制定产品价格，使企业在经营中能够处于有利地位，并帮助企业实现战略目标的活动。企业的战略目标是企业追求的基本志向，企业的所有活动都由它指导，产品定价是实现战略目标的手段之一。

4. 选择定价方法

选择定价方法是企业根据定价目标，对产品成本、市场需求、供给等因素进行分析，并运用价格决策理论计算产品价格，从而拟订产品价格的过程。由于定价方法的选择是一个复杂的过程，可首先从过去的成功案例中汲取经验，先找出可控因素，再考虑不可控因素，由简到繁，制订方案。定价方法一般有成本加成法、目标收益法和边际成本法等。

5. 应用定价策略

定价策略又称定价技巧，是定价方法的灵活应用，它将定价方法与具体的市场情况有机地连接起来，具有很强的操作性，可根据企业的定价目标和市场的不同特性选择最有效的定价策略。

6. 进行价格调整

制订价格方案后，企业仍需要跟踪检查价格方法和策略的实施效果，看其是否符合企业战略和定价目标，并根据市场情况及时、快速地调整定价策略。

产品定价是一个复杂的过程，按照一定程序进行可以使企业的定价决策更具科学性。

关键点提示

新产品定价程序主要有：

1.选择产品市场；2.定价信息收集分析；3.制订定价目标；4.选择定价方法；5.应用定价策略；6.进行价格调整。

2.2　新产品定价涉及的因素

工作场景描述

当企业想了解新产品定价涉及的因素时，可查看。

解读与分析

新产品的定价问题是企业制订价格策略的重要环节，定价问题关系到新产品能否顺利打入市场，关系到企业原定的利润目标能否实现。因此，企业必须在深入分析市场状况的基础上，把握新产品的成本、市场需求量以及市场接受程度等特性，对新产品进行合理的价位分析并准确定价。那么，新产品的定价问题究竟涉及哪些因素呢？

1. 成本因素

产品成本可以按不同的分类方法分为以下三种。

（1）总成本、平均成本和边际成本。这是按照成本计算方法来划分的。

总成本指的是生产产品所需付出的成本总额；平均成本指的是生产每一单位的产品所需要的成本，它是拿总成本与总产量相除所得；边际成本又称增量成本，即每增加一单位产品的生产所需增加的成本，是个相对的边际量。

（2）固定成本和变动成本。这是按照成本的可变性来划分的。固定成本指的是生产中固定的、可以长期使用的因素的成本，如厂房、机器、设备等因素的成本；可变成本指的是生产中的可变要素的成本，如原材料、燃料等的费用。固定成本通常不随产量变化而变化，变动成本则与产量有正相关关系。

（3）生产成本和机会成本。以上各种不同类型的成本都可以称为生产成本。当企业的产量达到规模经济的产量时，生产成本会降低，但是随着工厂产量的增加，变动成本反而会增加。机会成本又称社会成本，指的是从整个社会的角度出发，利用整个社会的资源来从事产品或者劳务的生产所付出的代价。也就是说，利用一定的社会资源所获得某种收入而放弃另一种收入。

新产品的定价首先应该考虑的问题是对成本的估计。一般来讲，成本的估计应当结合与新产品同时生产的产品、成本分摊以及营销广告等因素来考虑。通常，我们可以通过分析相似产品的销售成本来估算。在估算成本的过程中，那些无法直接归属于某一特定产品成本的分摊问题恐怕是最困难的部分了。但是，即便如此，这些不可追溯的成本必须被逐一分配到所有的新产品中去，使每一种新产品都能够承担合理的分摊费用。

2. 消费者因素

面对不同的产品价格，消费者的心里会出现一种"不断变换衡量标准"的过程。当一件新产品刚刚进入市场时，消费者对产品的性能判断的唯一参考条件就是产品的价格。企业对新产品的定价一定要结合消费者的心理来考虑。也就是说，当产品的价格过低时，消费者反倒会对产品的质量等因素产生怀疑心理。若产品的价格过高，消费者又会受到消费能力的约束。

这里可以隐形眼镜的定价来举例说明。市场上最初的隐形眼镜其实是给农场里的鸡设计的。因为鸡有夜盲症，给它们戴上隐形眼镜是为了让它们能够在夜里看清食物，不影响发育。后来，人们发现隐形眼镜也能够用在人身上。奇怪的是，当生产隐形眼镜的企业按照卖给农场的价格（每副卖价低于1角人民币）将其引入市场时，销量却并不太好。企业调查后才知道原来问题出在定价上。消费者认为花如此低的价钱买来的产品怎么能够用来放在对人来讲尤为宝贵的眼睛上呢？掌握了消费者的这一心理，企业能够做的事情就很明朗了：提价。

3. 市场因素

考虑新产品的定价问题时，市场因素也不容忽视，因为市场对产品的需求可以直接影响到企业的定价策略。说到市场因素对价格的影响，就不得不提到需求的价格弹性问题。

所谓需求的价格弹性，是指产品的需求量对该产品价格变化的反应灵敏度，也就是产品需求量的变化百分比对价格变化的百分比。产品的需求价格弹性系数的绝对值越大，说明市场的需求量对该产品价格变化的反应灵敏度越高。一般来讲，价格越高，消费者对产品的需求量越小；价格越低，消费者对产品的需求量越大。产品的需求价格弹性分为以下五种。

（1）弹性系数的绝对值为零。这种需求价格弹性体现的是：无论产品的价格怎样变动，市场对该产品的需求量始终都不会发生变化。例如油、盐、酱、醋等生活必需品，购买者不会因为其价格的变动而改变购买计划。

（2）弹性系数的绝对值趋于无穷大。这种需求价格弹性体现的是：只要产品的价格是既定的，购买者就不会受数量的约束，就会尽量多地进行购买活动。

（3）弹性系数的绝对值等于1。这种需求价格弹性体现的是：产品需求量的变化率和其价格的变化率的绝对值相等。例如，衣、食、住、行各方面的日常消费品就属于这一类。

（4）弹性系数的绝对值小于1。这种需求价格弹性体现的是：产品需求量的变动对其价格的变化敏感度低。也就是说，当产品的价格变化时，市场对产品的需求量基本上不会有太大的变化。例如，粮食的消费就呈现这一趋势。

（5）弹性系数的绝对值大于1。这种需求价格弹性体现的是：当价格变化很小时，市场对这类产品的需求量会发生较大的变化。例如，化妆品等一些奢侈品就属于这一类。

4.竞争者因素

企业可以将竞争者分为以下两类来考虑产品的定价问题。

（1）直接竞争者。所谓直接竞争者，指的是其提供的产品可以完全取代企业的新产品。直接竞争者会提供给消费者最为显著的比较价格，所以企业对直接竞争者应该给予充分的关注。如果新产品的价格高于直接竞争者的价格，那么新产品必须具备足够的特点和优势来显示其不同之处。如果新产品的价格低于直接的竞争者，消费者又会认为其产品的品质有问题。所以，企业制订新产品的价格方案时一定要考虑直接竞争者的影响。

（2）间接竞争者。所谓间接竞争者，是指其产品能够部分但不能完全地满足购买者的特殊需求。由于这类产品能够部分满足消费者的需求，所以可以被购买者用来取代新产品。间接竞争者的产品无法与新产品进行直接竞争，因此其价格不容易与新产品形成比较。企业可以将间接竞争者的产品价格作为参考价格。

综上所述，如果企业充分考虑了以上的各种定价因素，就可以为新产品顺利进入市场打下一个良好的基础。

关键点提示

影响新产品定价的因素有：

1.成本因素；2.消费者因素；3.市场因素；4.竞争者因素。

2.3 如何进行新产品的价位因素分析

工作场景描述
当企业要对新产品进行定价时，可查看。

价位因素分析是企业最感兴趣的话题，非常敏感。新产品的价格并不是在新产品推出时才想出来的，也不能在定价之后随便更改。一般来讲，影响新产品价格的因素包括产品开发的成本和创新价值。新产品价位分析有以下三个要素。

1. 成本倒算定价

通过成本来制订新产品价格方案，要结合预算的多少来考虑。新产品开发人员必须对新产品开发进行预算。由于研究和开发新产品在支出上具有不确定性，因此，企业按照常规投资来编制新产品的预算就显得十分困难。为了解决这个问题，企业常常采用以下策略：

（1）采用鼓励的措施争取积极的财务支持和尽可能多的项目建议书，然后从中选择最优的预算计划。

（2）采用销售百分比法确定投资额。

（3）参考竞争者的费用来确定投资额。

（4）通过预算成功产品的未来收益反过来估算投资费用。

产品的生产成本包括固定成本和变动成本。固定成本不随销售量的改变而改变，也就是说，无论是否生产，固定成本都会存在。

变动成本虽然不是一成不变的，但在某一既定的生产水平下，单位的变动成本是一定的。变动成本的这一特征也为定价决策提供了依据。另外，变动成本是唯一和定价决策相关联的递增成本。但是如果因为变动成本而产生固定成本，此时的固定成本也和定价决策相关。

从长期来看,所有的成本必须得到弥补。可以通过以下公式确定新产品的定价策略:

盈亏平衡点=固定成本/(价格–单位变动成本)

通过以上公式估算成本,可以在新产品即将面世时给出一个合理的定价。投资成本高的,其价位可以相应高一些。许多企业为了赢得更多的竞争优势而在成本上大做文章,尽量降低成本,为产品确定合理的价位,争取更大的市场份额。

2. 创新价值定价

如果新产品的定价不是按照商品价值大于商品价格的原则,即使该产品的价格是按照成本倒算出来的,顾客是不会理睬的。也就是说,如果新产品完全是按照新产品增加的新的成本来加价的话,并不见得就能赢得消费者的好感。

例如,通过改良而生产出来的新产品,对消费者来讲已经变成一种全新的产品。顾客现在完全是从另一种商品的角度来看待改进后的新产品,期望获得的也是一种全新的消费感受,愿意支付超过成本的价位。换句话说,顾客按照这样的"偏高"价位买下的新产品,认为是值得的。对新产品开发人员来讲,应该利用这一心理差异来巧妙地制订新产品的价格方案。

通过这种方式来定价的原则可以概括为:新产品的价值>新产品的价格>新产品的成本。新产品的价值就是顾客心目中的利益,顾客通过货比三家,觉得最终选定的产品是最值的,而且觉得它的价值是大于价格的,因此不会对自己的选择感到后悔,有利于产生持续购买行为。相反,对于买来的产品,如果顾客觉得其价值小于价格,他就会有吃亏的感觉。

营利性企业必须通过销售行为来获得新产品的利润,所以,新产品的价格要大于成本。

3. 新产品的价值等于"硬件"价值加上"软件"价值

新产品的硬件价值是指参照新产品的成本进行的定价。

如果新产品是流行产品,又是由著名设计师设计的,其价值就应该在"硬件"价值的基础上加上"时髦""著名"等"软件"价值。当然,如果新产品的"软件"价值由于客观因素而打了折扣,如新产品的流行期已过,该产品的价值就只能由"硬件"价值来约束。

对商品"硬件"价值和"软件"价值的研究，可以启发企业洞察社会需要，进而提高所开发新产品的价值。

综上所述，新产品的价位可以通过对成本和价值两方面因素的考虑来确定。

关键点提示

新产品价位分析的要素是：

1.成本倒算定价；2.创新价值定价；3.新产品的价值等于"硬件"价值加上"软件"价值。

2.4 如何确定定价原则

工作场景描述

当想了解进行定价决策时应注意哪些原则时，可查看。

解读与分析

企业定价过程中有一些基本原则需要遵守，主要有效益原则、可行性原则、社会性原则、科学性原则和竞争性原则。

1. 效益原则

企业作为经济实体决定了追求效益是企业定价的最基本原则。企业制订的价格方案应保障企业能够获得理想的收益。效益原则主要体现在以下三个方面。

（1）应有利于增加产品销量，打开市场。

（2）应有利于提高市场竞争力，增加市场份额。

（3）应有利于实现企业的战略目标和长远利益。

2. 可行性原则

可行性原则指企业选择的价格方法、策略和决策在现实的经营条件下是可行的,既要保证企业获利,又要符合市场情况和企业自身能力。可行性原则是保证价格决策实施的基本前提。一个好的价格决策,应该以市场为导向,企业应处理好市场需求与企业能力、企业现状与未来发展的关系,使定价决策目标明确、措施有效和切实可行。

3. 社会性原则

定价决策既要有利于提高企业的经济效益,也要注重社会效益,不能为了企业的利益而损害国家、消费者和社会公众的利益。

(1)定价决策应遵守国家的政策法规,遵守自愿、平等、公平、诚信交易的规定,杜绝价格欺诈行为。

(2)企业遵纪守法,可以树立自身的良好形象,同时在自身利益受到侵犯时,又可以利用法律武器维护自己的利益。

4. 科学性原则

要制订合理且具有竞争力的价格方案,企业必须采用科学的方法和手段,按照科学的程序做出定价决策,避免盲目性和主观性。

5. 竞争性原则

在市场竞争日益激烈的今天,把握不同市场价格变化特征,以竞争为导向为产品定价,有利于企业在市场中取得更好的市场地位和收益。

以下是四种不同类型的市场对企业价格的影响力对比。

四种市场对企业价格的影响力

市场类型	完全竞争市场	垄断竞争市场	寡头垄断市场	完全垄断市场
企业价格影响力	很小	很小	相互影响	很大
典型行业	农副产品	印刷业、旅游业	汽车业、烟草业	电力、铁路

在复杂的市场竞争中,遵守一定的定价原则可以避免单纯以利润为导向的定价给企业带来的不利影响,有利于企业的长远发展。

> **关键点提示**
>
> 企业定价的基本原则如下：
>
> 1.效益原则；2.可行性原则；3.社会性原则；4.科学性原则；5.竞争性原则。

2.5 如何进行定价目标的选择

> **工作场景描述**
>
> 当企业想了解如何确定定价目标时，可查看。

解读与分析

选择定价目标之前，企业首先要了解有哪些类型的定价目标，选择某种定价目标的依据是什么，以及定价目标的确定过程。

1.定价目标的类型

由于企业所处的外部环境和自身内部条件的差异，企业会产生多种定价目标，一般分为以下五种类型。

（1）利润导向定价目标，即以企业能够获取既定利润为目标。

（2）销售导向定价目标，即以增加销售量、扩大市场份额为目标。

（3）竞争导向定价目标，即以适应竞争或避免竞争为目标。

（4）企业形象定价目标，即以树立企业形象或塑造品牌形象为目标。

（5）生存导向定价目标，即以保持现有经营水平、维持企业生存为目标。

2.定价目标选择的依据

究竟选择哪种定价目标才最适合企业呢？以下因素可为定价决策提供依据。

（1）市场结构。在充分竞争的市场条件下，企业应选择竞争导向定价目标；如果企业所处的行业是相对垄断的，应选择利润导向定价目标。

（2）经营状况。如果企业的经营状况良好，可以选择利润导向定价目标或企业形象定价目标；如果经营困难，则应该选择生存导向定价目标。

（3）竞争地位。企业在市场竞争中是处于领先地位，还是扮演挑战者、跟随者或是补缺者的角色，决定了企业要选择不同的定价目标。

（4）产品生命周期。产品在导入期、成长期、成熟期和衰退期，应该采取不同的定价目标。

（5）国家宏观经济环境。在经济景气时期，企业应选择利润导向或销售导向定价目标；相反，在经济紧缩时期，企业应以生存导向或是企业形象为定价目标。

3. 定价目标选择的过程

当价格决策者提出一种定价目标时，要考察这个目标是否符合企业的外部环境和内部条件，要考察它是否符合产品的自身特点，还要考察这个定价目标与企业的总体经营目标及其他相关目标是否匹配。如果其中之一不符合，企业就要修改或重新提出定价目标，直到找到符合所有条件的目标，将它定为企业的定价目标。

企业的定价目标形成后，并不是一成不变的，而是要根据外部环境、企业的竞争能力和产品生命周期等各因素的变化随时做出调整。

4. 注意事项

（1）定价目标应具有灵活性，能根据市场环境变化及时做出调整。

（2）定价目标应与企业其他目标相互联系，相互协调。

（3）定价目标应尽量详细，能适应不同的产品和细分市场。

总之，选择哪种类型的定价目标要依据企业的内外部环境，并结合企业的经营目标来确定，从而制订出适合企业发展实际的定价目标。

关键点提示

选择定价目标前要了解以下三点：

1.定价目标的类型；2.目标选择的依据；3.目标选择的过程。

2.6 如何以利润为导向选择定价目标

> **工作场景描述**
> 当企业要基于产品利润选择定价目标时，可查看。

解读与分析

获取利润是企业生存和发展的必要条件，也是企业经营的直接动力和最终目的。因此，利润导向定价目标为很多企业所采用。具体可分为以下三种情况。

1. 以利润最大化为目标

每家企业都希望获得最大的利润，但并不是所有企业都能实现这样的目标，因为这是由企业的自身条件及市场竞争情况来决定的。企业要想以利润最大化为目标，必须具备一个重要的条件——企业在行业竞争中要有很强的优势，并且能够在较长时期内保持这种优势，成为价格的主导者。只有这样，企业才能通过制订高价格方案来提高单位产品的利润，从而实现经营期内企业利润最大化。

但是，任何一家企业要想长期维持较高价格几乎都是不可能的，因为在激烈的市场竞争条件下，高价格势必会遭到各方面的抵制，如竞争者加入、需求量减少、替代品出现等。另外，制订最高价格方案并不一定都能够为企业带来最大利润。如果产品的定价过高，超过消费者的承受能力，导致销售量减少，反而会使企业的总利润降低。

2. 以确保目标利润为目标

很多情况下，利润最大化只是一个理想的追求目标，要实现它有很大的难度。有些企业没有很强的实力，对价格的控制能力也十分有限，因此，在激烈的竞争中，这些企业会确定一个合理的利润目标。与利润最大化目标不同的是，该利润目标是具体的、明确的利润额或利润率，通常与同行业平均利润水平相一致。这种定价目标可以降低风险，广泛适用于中小企业。

3. 以投资收益率为目标

企业经营的目的都是希望取得预期的收益，许多企业在制订价格方案时，都以达到一定的投资收益率为定价目标。

采用这种定价目标时，产品的价格是根据企业所确定的投资收益率计算出来的，投资收益率的大小直接影响了价格水平的高低。

以投资收益率为目标是一种注重企业长期、稳定利润的定价目标，通常被大型企业或行业中的领导者所采用。这是因为，按投资额的一定比例计算利润，不仅能够确保投资额的回收，实现企业的预期收益，还能够制订合理的价格方案，为广大消费者所接受。

需要注意的是，必须保证投资利润率高于银行存款利率或贷款利率，这是弥补利息支出的最低限度。例如，企业以10%的利率从银行贷款投资，那么它的投资收益率必须高于10%，否则企业不仅不能盈利，就连贷款利息也不能偿还。

总之，这三种以利润为导向的定价目标各有利弊，决策者可以结合企业的其他战略目标选择适合的定价目标。

关键点提示

以利润为导向选择定价目标的三种情况是：
1.以利润最大化为目标；2.以确保目标利润为目标；3.以投资收益率为目标。

2.7 如何以销售为导向选择定价目标

工作场景描述

当企业要根据销售量选择定价目标时，可查看。

解读与分析

产品的销售量对企业的销售收入和利润有着直接的影响，一定程度上还决定了企业的市场地位和市场份额。以销售为导向的定价目标具体有以下两种情况。

1. 以达到规模效益为定价目标

销售量的增长会产生一定的规模效益，使成本下降，利润提高。因此，企业将产品定以较低的价格，会刺激销售量，最终达到规模经济。一般来说，会产生规模经济的典型行业有汽车业、钢铁业、石油业等。

规模效益产生的原因。

（1）工人的专业化程度和熟练程度提高。

（2）使用专业化的设备和先进技术，相对来说，大型设备的平均运转费用较低。

（3）大批量生产可以提高生产设备的利用率。

（4）大规模采购使采购成本降低。

2. 以保持或增加市场占有率为定价目标

市场占有率反映了一家企业的经营状况和竞争能力，也反映了企业产品的市场地位和市场形象。提高市场占有率，不但能提高销售收入，而且会为企业获得利润提供有效的保障，还可以有效地打击竞争对手。因此，以市场占有率为定价目标对于竞争性市场更为重要。为达到既定的市场占有率，有时需要牺牲一定的利润空间来制定较低的价格方案。

以上两种定价目标适用于企业产品生命周期中的不同阶段，前一种适用于产品的导入期，后一种则适用于产品的成长期和成熟期。

关键点提示

以销售为导向的定价目标有两种情况：

1.以达到规模效益为定价目标；2.以保持或增加市场占有率为定价目标。

2.8 如何以竞争为导向选择定价目标

> **工作场景描述**
> 当企业想为适应竞争或避免竞争而选择定价目标时,可查看。

解读与分析

在市场竞争中,价格是最敏感、最有效的竞争手段。激烈的价格战会使行业中各个企业的利润水平下降。因此,很多企业选择以避免竞争为定价目标。如果遇到不可避免的竞争,就会采取适应竞争的价格策略。

1. 以避免竞争为目标

定价策略:通常情况下,是由那些拥有较高的市场占有率、经营实力较强或较具竞争力和影响力的行业领导者先制订一个价格方案,其他企业的价格方案则与之保持一定的比例关系。无论是大企业还是中小企业,都不会随意降价。

特点:创造了一个稳定的市场环境,避免激烈竞争所带来的"两败俱伤",使企业在长期经营中获得稳定的利润。

适用对象:通常适用于产品标准化的行业,如石油化工业、钢铁制造业等。

2. 以适应竞争为目标

定价策略:随行就市,参照竞争对手的价格变动,随时调整本企业的价格,但不主动调价。

特点:为了避免企业在竞争中被淘汰,必须与市场行情保持一致,避免处于被动地位。

适用对象:主要适用于中小型企业。这类企业面对激烈的价格竞争时,没有能力干预价格。

3. 以排斥竞争为目标

定价策略:先发制人,制订低价格方案,使其他竞争者无利可图,防止潜在竞争者进入市场。

特点：牺牲企业短期利润，巩固本企业在市场中的地位，以期获得长期利润。

适用对象：要求企业有足够的经济实力来承担低价格所带来的利润损失，只适用于那些实力雄厚的大企业或行业领导者。

与其他定价目标相比，以竞争为导向选择定价目标更具灵活性和目的性，一旦市场情况有变，企业也会适时调整价格。

> **关键点提示**
>
> 以竞争为导向选择定价目标的三种情况是：
> 1.以避免竞争为目标；2.以适应竞争为目标；3.以排斥竞争为目标。

2.9 如何以树立企业形象为导向选择定价目标

> **工作场景描述**
>
> 当企业希望通过定价在消费者心中树立企业形象时，可查看。

解读与分析

企业形象是企业在长期的市场经营活动中，通过自身的产品、服务、人员素质、经营作风以及公共关系等要素在社会公众中留下的总体印象。企业形象是企业在经营中创造的无形资产，也是企业联系用户的重要纽带，对企业产品的销量、市场占有率、利润及竞争能力影响很大。

制订价格方案是企业经营的重要手段，它表达了企业的产品定位，在一定程度上反映了企业形象。以树立企业形象为导向选择定价目标主要有以下三种情况。

1. 以优质高价形象为定价目标导向

有些企业或品牌具有较高的质量和认知价值，企业可以抛开成本，根据顾客对产品的认知价值对产品进行定价，或者直接通过定价来提高产品的声望，因为有时将优质的产品定以高价将会产生很大的品牌增值效应。名牌商品采用"优质高价"策略，不但可以获得高额利润，而且能够使消费者在心理上得到满足。

2. 以大众化平价形象为定价目标导向

企业采取这种定价导向可以吸引大量消费者，通过扩大销售量获得利润。英国最大的跨国商业零售集团马莎百货是世界闻名的大百货连锁商，共有800余家供应商为其生产圣米高商品。马莎百货在其所属近千家连锁店内只出售圣米高牌子的产品，实现了大规模生产与大规模零售商之间的有机结合，节约了大量采购及促销费用，在顾客中树立了平价形象，被公认为优质和物有所值的象征。

3. 以树立良好企业信誉为定价目标导向

价格可以树立和维护企业的良好信誉。企业在激烈的市场竞争中，坚持一贯的定价目标和原则，维护社会公德以及商业道德，就是维护自身信誉。价格是一种树立企业信誉的有力手段，企业自身也可从信誉中得到回报，信誉是企业的一项无形财富。

例如，在钢材市场不规范时期，有的钢厂囤积居奇，造成钢材价格上涨，而宝钢并未被暂时的利益所动，按合同原定价格向客户供货，树立了良好的企业形象，提高了客户的忠诚度。当钢材市场疲软、钢材滞销时，这些老客户纷纷主动订货，帮助宝钢渡过了难关。

当以树立企业形象为定价目标时，在改变产品价格时应格外慎重。例如，名牌商品一旦降价出售，其形象会在顾客心中大打折扣，甚至造成原有顾客群体的流失。

关键点提示

以树立企业形象为导向选择定价目标包括三种情况：
1.以优质高价形象为定价目标导向；2.以大众化平价形象为定价目标导向；
3.以树立良好企业信誉为定价目标导向。

2.10 如何以企业生存为导向选择定价目标

> **工作场景描述**
> 当要使困境中的企业维持生存而选择定价目标时，可查看。

 解读与分析

在变幻莫测的市场竞争中，企业有时为了维持生存不得不对产品定以无利可图的低价，甚至以低于成本的价格出售产品，此时生存就成为企业的定价目标。这是因为，在此情况下只要出售产品就可以削减库存、回笼资金，以维持企业的经营。

1. 以生存为导向定价只能作为短期定价目标

以生存为导向的定价目标只能是权宜之计。长期来讲，企业必须使产品的销售收入能够弥补企业的变动成本和固定成本。只有获取利润，企业才能获得长期的发展，否则只能被市场淘汰。

2. 以生存为导向定价的三种情况

当定价超过或等于平均成本时，企业的收入不仅可以用来补偿变动成本，而且可以用来补偿部分固定成本，这时企业仍然可以长期经营。若是完全放弃市场，则会损失全部固定成本。当价格定位于变动成本之上、平均成本之下时，企业将损失部分固定成本，但仍可以维持经营。

以生存为导向定价的最低下限是产品的变动成本，若定价低于变动成本，则产品的出售只会给企业带来更大的亏损。但是为了保持一定的市场占有率，不退出市场，在短期内，企业仍可以采用这种定价目标。

以生存为导向定价只能作为企业在激烈竞争下的短期目标，企业要想获得长期的发展，必须采取其他措施，如压缩成本、开发新品等，这才能是治本之策。

关键点提示

企业以生存导向为定价目标时需要掌握：

1.以生存为目标时，企业以成本或低于成本定价；2.以生存为导向定价只能作为短期定价目标；3.当定价超过平均成本时，企业仍可以获得利益。

2.11 如何选择新产品的定价方法

工作场景描述

当企业选择新产品的定价方法时，可查看。

解读与分析

一般来讲，新产品定价的方法分为以下三类。

1.以成本为导向的定价方法

此种方法是以产品的成本为基准来定价。产品的成本包括企业在生产经营过程中所发生的实际消耗的一切费用，客观上要求企业通过产品的销售加以补偿。以成本为导向的定价方法是按照企业的意图来定价的方法。企业按照这种方法制订新产品的价格方案时，一定要考虑该价格能够使企业收回全部成本，并获得一定的利润。常用的以成本为导向的定价方法包括以下四种。

（1）成本加成的定价方法。指的是在单位产品生产成本的基础上加上一定比例的预期利润来制订新产品的价格方案。也就是说，产品的价格等于产品的单位成本加上以一定比例换算出来的加成利润。采用成本加成的定价方法，一定要确定合理的加成率。因为随着产品的性质、特点、市场环境和行业情况的不同，其加成比例也会相应不同。总的来说，档次较高的消费品以及生产规模较小的产品，其加成比例会相对高一些；大多数的生活必需品以及生产规模较大的产品，加成比例则会相对低一些。

成本加成定价方法的优点体现在以下两个方面。

①简单易行。因为产品的成本比较容易确定，企业只需要将基准价格锁定在成本的确定上就行了。它简化了定价的程序，也不用根据需求的变化来调整产品的价格。

②缓和竞争价格。因为新产品的定价参照的是成本而不是需求，使企业对竞争者的价格不必时刻保持警惕，这样就会极大地缓和市场上的竞争价格。

成本加成定价的方法，不可避免地具有不利的一面，主要体现在如下三点：

①由于该方法是以企业的利益为出发点，因此不利于企业降低成本；

②该方法的参照物始终是产品的成本，没有将市场需求和竞争价格等因素考虑在内，不利于企业提高自身的竞争力；

③加成率只是一个估计值，缺少科学性和精确性。

（2）以产品的边际成本为基准的定价方法。产品的边际成本指的是单位产品的增加或减少所导致的产品成本的变化量。在实际的生产活动中，固定成本基本是不变的，因此对产品成本影响最大的就是变动成本。也就是说，以产品的边际成本为基准的定价方法，也可以理解为以产品的变动成本为基准的定价方法。只要新产品的价格高于单位产品的变动成本，企业就可以生产和销售。另外，以产品的边际成本为基准的定价方法，还要结合产品的边际贡献来确定价格。产品的边际贡献指的是企业每增加一个单位产品的销售所获得的相应收入。因此，此时产品的单位价格可以由单位产品的变动成本加上产品的边际贡献来确定。边际成本定价法的出发点是：不求盈利，只求少亏。企业采用边际成本定价法的前提如下。

①市场竞争十分激烈，产品出现供过于求的情况，库存出现大量的积压。此时如果企业仍然坚持以产品的总成本作为定价的基准，市场是难以接受的，会导致企业不仅不能收回固定成本，连变动成本也难以收回。

②企业的订货不足，生产能力过剩，大量设备闲置，采用低于总成本但高于变动成本的定价方法，可以通过扩大销量来维持生产，同时也可以通过对固定设施的使用来减少物质损耗。

（3）以盈亏平衡为基准的定价方法。指的是企业在产品销量一定的情况下，产品的价格一定要使企业的收支相抵，从而做到盈亏平衡。使用该方法的前提条件是：要科学地测定产品的销量，对固定成本和变动成本的耗费要有一个比较准确的数据，并使产品的总收入与总费用平衡。采用该方法定的单位产品价格等于单位的固定成本加上单位的变动成本。企业的产品销量只有达到既定的销量，才能够实现收支平衡。如果产品的销量超过既定的销量，企业将会盈利；如果产品的销量达不到既定的销量，企业将会亏损。

该方法的不足表现在：由于产品的价格只是以盈亏平衡作为基准点，使企业只将注意力集中在补偿生产耗费上而很少考虑到企业的收益。如果企业不是出于某种不得已的原因（如市场竞争相当激烈）而不得不采取保本的做法时，不宜采用这种定价方法。

（4）以目标收益率为基准的定价方法。指的是企业在其投资总额既定的基础上，按照目标收益率的高低来定价的方法。该方法要求首先确定企业的目标利润率。也就是说，单位产品的价格等于单位产品的成本加上单位产品的目标利润。要实现企业的目标利润率，就要保证一定的销量。因此也可以说，以目标收益率为基准的定价方法，等于将产品的销量看成产品价格的决定因素。

该方法不足的一面也和成本加成定价法一样，忽略了市场的需求和竞争因素，它是先估计销量，然后再定价，但实际上预期的销量不一定能够实现。

2. 以需求为导向的定价方法

指的是以需求为衡量标准的定价方法。这种定价方法考虑的是市场对产品的需求程度，产品的价格因素随着市场需求的变化而变化，不与成本因素产生直接的联系。但该方法并不是全然不顾成本的影响，而是较为全面地将成本、产品的生命周期、市场的购买能力、消费者的心理差异等因素都考虑在内。总的来说，企业采用这种方法的基本原则是：当市场需求很旺盛时，产品可以抬价；当市场需求相对不足时，产品可适当降价。以需求为导向的定价方法通常包括以下两种。

（1）以消费者对产品价值的理解为基准的定价方法。指的是根据消费者对产品价值的理解度，即以产品在消费者心目中的价值为定价的依据。为了使消费者的价值观念倾向于对企业有利的方面，企业就要运用各种营销策略和营销手段来深化消费者对产品价值的认知程度。该方法的前提是，要能够获得消费者对该新产品价值准确理解的资料。因此，企业应该通过开展广泛的市场调查来了解消费者的需求偏好。如果企业主观地认为消费者会对产品做出高的价值评定，从而定出较高的产品价格，就可能影响产品的销量。相反，如果企业主观地认为消费者会对产品做出低的价值评定，从而定出较低的产品价格，就可能使企业的收益受损。

（2）以市场需求为基准的定价方法。指的是企业根据市场对产品的需求强度、消费者的购买力、购买时间和地点等因素来给产品定价。这种定价方法分为以下四种形式。

①以产品为基准的定价。就是根据产品的外观、型号等固有特征而定出不同的价格。

②以消费者为基准的定价方法。就是同一产品对不同的消费者收取不同的价钱。这种方法类似于"三级价格歧视"的定价策略。

③以时间为基准的定价方法。就是同一产品的价格随着季节、日期等时间因素的变化而不同。

④以地理位置为基准的定价方法。就是随着地点的不同，产品的价格也相应地不同。

由于以需求的差别为基准的定价方法是针对不同的消费者需求采取不同的定价方法，因此能够为企业带来更多的利润。

3. 以竞争为导向的定价方法

此种方法指的是企业通过研究竞争对手的生产条件、服务状况、价格水平等因素，依据自身的竞争实力、产品成本以及市场供求状况来给产品定价。该方法考虑的是竞争对手的状况，不与产品的成本和市场的需求状况发生直接的联系。也就是说，如果只是产品的成本或者需求发生变化，市场的竞争状况并没有发生太大的变化，即竞争对手的价格未变，企业就应该保持原价。如果竞争对手的价格发生改变，即使是产品的成本和市场的需求没有发生多大的变化，企业也应该相应地调整产品的价格。这种定价方法可以按同行业产品价格的平均水平作为基准来定价，它使企业基本上没有多少可供选择的余地。如果企业将新产品的价格定得太高，大大超出行业的平均价格水平，产品就可能面临滞销的危险。相反，如果企业将产品的价格定得太低，甚至低于行业的平均水平，就可能遭到行业竞争者的削价反击。

综上所述，企业对定价方法的选择并不是一成不变的，可以同时选择一种或者几种方法给新产品定价，但无论选择哪一种，都要给企业未来的发展留一个较大的回旋余地。

关键点提示

对新产品定价可以选择以下方法：

1.以成本为导向的定价方法；2.以需求为导向的定价方法；3.以竞争为导向的定价方法。

2.12 如何区分各种成本

工作场景描述

当企业在定价决策过程中对各种成本概念模糊不清时，可查看。

解读与分析

成本是价格构成的最基本要素，正确区分各种成本，了解不同成本的意义，对企业定价决策有着重要的作用。下面是与定价决策有关的十种成本。

1. 会计成本

会计成本是企业生产经营的核算成本，是企业在生产经营过程中实际发生的各种费用的累加。会计成本是针对各个企业而言的，它反映了企业的生产经营水平。

2. 定价成本

定价成本是行业平均成本，是整个行业价格水平高低的准绳。在同一市场条件下，如果会计成本低于定价成本，企业就会获得超额利润；反之，如果会计成本高于定价成本，企业在市场竞争中就会处于不利的地位，甚至出现亏损。

3. 历史成本

历史成本是指以前实际发生或本期发生的成本，也就是财务会计中的实际成本。

4. 目标成本

目标成本是指根据预计可实现的销售收入扣除目标利润计算出来的成本。在企业定价决策中，一般都以目标成本为定价依据，而不是以历史成本为依据。

5. 固定成本

固定成本是指在一定时期内不随产量变动而变动的成本，如企业行政管理费用、厂房和机器设备的折旧费用等。这部分费用不管生产多少产品，企业都只需要支付一个固定的数额。固定成本随着产量的增加，在每单位产品中所占的比例呈下降趋势，初期下降幅度会较大，后期会减缓。

6. 变动成本

变动成本是指随着产量变化而变化的成本，主要有原材料费用、动力费、人工费等生产费用，它随产量的增加而上升。但平均变动成本不是固定不变的，当产量较低时，平均变动成本迅速下降；当进入投入收益递减阶段，平均变动成本会迅速上升。

7. 边际成本

边际成本是指多生产或少生产一单位产品时所增加或减少的成本。只有产品价格高于边际成本，企业才有可能盈利。

8. 沉没成本

沉没成本是指企业已经支付的、无法收回的成本。例如，某公司在衡量一个新项目是否可行之前所支付的调研费用、专家咨询费用等，这一系列开支都属于沉没成本。无论这个项目能否实施，这些费用都是无法收回的。

沉没成本是就决策或经济评估而言的，在会计核算中并不存在沉没成本这一核算科目。沉没成本对当前决策而言是不可控成本，因此在定价决策中不应考虑。然而，许多企业就是因为考虑了沉没成本，才在市场上失去了价格竞争力。

9. 机会成本

相对于沉没成本，机会成本是定价决策中必须予以考虑的成本。机会成本是指选择一种方案而放弃其他方案时所丧失的潜在利益或收入，也就是选择这种方案所支付的代价。机会成本不反映在会计账面上。企业所选择的定价必须大于其机会成本，才能取得最佳收益。

10. 可避免成本

可避免成本指的是还未发生或发生了但可以收回的成本。一般来说，沉没成本是与过去相关的、无法收回的成本，可避免成本是与未来相关联的成本。例如，某人购买了一款笔记本，但由于某种原因决定马上卖出去，在正常情况下，卖出的价格会低于买进时的价格，二者之间的差额是沉没成本，而卖掉之后收回的钱则是可避免成本。

在企业的定价过程中，只有正确地理解、区分这些成本，并灵活地运用，才能做出正确的定价决策，获得更多的利润。

关键点提示

与定价决策相关的十种成本是：

1.会计成本；2.定价成本；3.历史成本；4.目标成本；5.固定成本；6.变动成本；7.边际成本；8.沉没成本；9.机会成本；10.可避免成本。

2.13 如何计算工业企业的产品成本

工作场景描述

当要计算工业企业产品成本时，可查看。

解读与分析

在企业定价决策中，成本是至关重要的因素之一。只有了解成本的构成，并采取可能的措施尽量降低成本，企业才能在定价决策中争取更大的主动权。

1. 工业企业成本计算方法

工业企业的成本有多种计算方法，按照成本费用的经济用途，分为制造成本和期间费用。

（1）制造成本。

①原材料费用。指直接用于产品生产的原材料、辅助材料，即燃料、动力费用。

②工资和福利。指直接参加产品制造的员工的工资及福利费用。

③废品损失。指生产过程中废品所造成的损失。

④制造费用。指企业的各个生产单位为组织和管理生产而发生的费用，主要包括管理人员工资及福利费用、水电费、办公费和保险费等。

（2）期间费用。

①管理费用。是指企业行政管理部门为管理和组织企业的经营活动而发生的各项费用。主要包括公司经费、工会经费、职工教育费、劳动保护费、税金（包括房产税、车船使用税、土地使用税、印花税等）、技术转让费、无形资产摊销、土地损失补偿费、技术开发费、审计费、排污费、绿化费、业务招待费、住房补贴、住房公积金、其他管理费用。

②财务费用。是指企业为筹措资金而发生的各项费用。主要包括企业生产经营期内发生的利息支出、外汇市场汇率变动而引起的汇兑净损失、调剂外汇手续费、金融机构收取的手续费等。

③销售费用。是指企业在销售产品、自制半成品和提供劳务等过程中发生的各项销售费用等。主要包括产品的运输费、包装费、保险费、广告费、展览费等。

总之，工业企业定价必须以生产成本为基础。企业若以低于生产成本的价格出售产品，根据国家有关规定将被视为低价倾销。

2. 降低工业企业成本的途径

（1）减少原材料消耗，降低成本中的原料费用。

（2）提高设备生产率和利用率，降低单位产品成本中的折旧费、修理费和固定资产税。

（3）提高劳动生产率，减少单位产品的工时消耗，降低工资费用和间接费用。

（4）实行精益生产，减少废品和停工损失。

（5）节约流动资金占用，减少贷款利息。

（6）使用先进技术和现代化管理方法，提高管理效率，减少管理层级，降低管理费用。

根据不同的行业和产品性质，工业企业的产品核算有很大的区别，方法也多种多样，因此，应该在掌握基本方法的基础上，选择适合本企业产品的核算方法来核算成本。

关键点提示

关于工业产品的成本应掌握以下两点：

1.工业企业成本计算方法；2.降低工业企业成本的途径。

2.14 如何计算商业产品的成本

工作场景描述

当要计算商业企业产品成本时，可查看。

解读与分析

商业企业的产品成本与工业企业有所不同，一般由进货成本和流通费用两部分构成。进货成本是指商业企业购进商品的费用。流通费用是指企业在收购、运输、保管和销售等商品流通过程中发生的各项费用。国内商品和进出口商品的成本都包括这两部分，但其核算方式和内容却有所区别。

1.国内商品成本计算

（1）进货成本，主要由国内市场上购进商品的原始购进价格和购入环节缴纳的税金组成。国内购进商品的原始进价是指按国家规定价格（政府管制价格）或市场价格等实际支付给供货单位的进货价款。购入环节缴纳的税金是指在收购不含税的农副产品时所支付的税金。企业在国内市场上购进商品并用于出口所获得的退税，即出口退税款，应冲减当期出口商品的进货成本。

（2）流通费用。国内商品的流通费用主要由经营费用、管理费用和财务费用构成。现分述如下。

①经营费用。是指商业企业在整个购、销、存环节发生的各种费用。这类费用包括进货费用、销售费用、保险费、商品损耗、仓储费用、广告费、差旅费、业务人员的工资及福利费用等。

②管理费用。是指企业行政管理部门为管理和组织商品的经营活动而发生的各种费用，如业务招待费、技术开发费、职工教育费、折旧费、修理费、土地使用费及房产税、管理人员的工资和福利费等。

③财务费用。是指企业为筹措资金而发生的各种费用，如利息净支出、支付金融机构的手续费、股票上市发行费等。

2. 进口商品成本计算

国外进口商品进货成本，是指进口商品在到达终点口岸以前发生的各种支出，主要有产品进口价、进口税金、实际支付给代理商的进口合同价格之外的海运费、保险费、佣金等。

当进口商品到达终点口岸之后，所发生的流通费用内容及核算方法与国内商品相同。

3. 出口商品成本计算

（1）进货成本。是指商业企业（外贸企业）从生产经营企业购进商品所支付的费用，包括进货的价格和运到港口仓库所需的一切运输费用。

（2）流通费用。包括包装费用、保管费用、装船费用、检验费用、保险费、出口税等。

总的来说，在商业产品的成本计算中，进出口商品成本的项目繁多，核算比较复杂，但是规范性较强；国内商品成本的核算则相对简单。

> **关键点提示**
>
> 关于商业企业的产品成本，企业应掌握以下四点：
>
> 1.商业企业成本分为进货成本和流通费用两部分；2.国内商品成本核算内容；
>
> 3.进口商品成本核算内容；4.出口商品成本核算内容。

2.15 如何计算产品的市场营销成本

> **工作场景描述**
>
> 当企业要计算产品在经营销售过程中所产生的成本时，可查看。

解读与分析

随着市场的日益成熟，产品和服务的竞争日趋激烈，市场营销成为企业经营活动不可缺少的组成部分，市场营销的成本在总成本中的比重也日益增加。

1. 市场营销成本的分类

（1）按照营销活动分为以下几种。

①推销、促销费用，包括销售人员的工资、奖金、营业用品、差旅费、培训费、广告费、产品说明书印刷费用、赠品费用、展览会费用和场地促销人员工资等。

②仓储运输费用，包括仓库租金、维护费、折旧、保险、包装费、托运费等。

③其他市场营销费用，包括市场营销管理人员工资、办公费用、市场调查费用等。

（2）按照是否可以分摊到具体营销活动分为以下几种。

①直接营销成本，是指有直接对应的市场营销实体的费用，如广告费用。当一种广告只对某种商品宣传时，可计入直接营销成本。同理，对某种产品在某一地区的市场营销佣金、销售人员工资等，也属于直接营销成本。

②可追溯的共同营销成本，是指可以间接且合理地分配给市场营销实体的费用。

例如，在一次营销活动中同时促销多种产品，其产生的成本应属于可追溯的共同营销成本。

③不可追溯的共同营销成本，这种市场营销成本的特点是很难具体归结到某一营销活动或某种产品上。例如，树立企业形象的广告费用，管理人员的工资和开支也是其中之一。

市场营销成本和生产成本共同构成企业的总成本。在产品定价中，直接营销成本和可追溯成本都应计入产品定价，但是不可追溯成本的计算和归结具有很强的主观性，在其实际核算中会产生一些争议。如果把其归入或摊入某种产品的成本，其成本会增大，相应获利能力会减小，可能会得出错误的定价结果。

2. 降低市场营销成本的途径

对于企业，尤其是服务性企业，市场营销成本直接关系到企业的利润。因此，对市场营销成本进行预算、控制和管理，采取措施降低市场营销成本，对于提高企业的盈利程度有重要影响。

（1）对营销方案进行评估，选出最优方案。

（2）选择合适的分销方式和销售网络，降低销售费用。

（3）运用现代科学技术，尤其是电子商务技术，减少流通环节。

（4）采用科学的管理方法，建立健全的激励机制，以提高销售人员的工作效率。

（5）根据企业实际选择自行运输或第三方物流的储运方式，降低物流成本。

随着竞争的加剧，市场营销成为企业不可缺少的活动。在一些企业中，市场营销所需的成本甚至占到总成本的一半，因此企业必须提高对市场营销成本的重视程度。

关键点提示

关于市场营销成本，企业应掌握如下两点：

1.市场营销成本的内容和分类；2.降低市场营销成本的途径。

2.16 如何确定产品价格中的利润

> **工作场景描述**
> 当企业要确定产品价格中的利润时,可查看。

解读与分析

产品的利润是销售价格减去各种成本费用和税金后的余额。通常产品价格中的利润是通过利润率来计算和控制的。制订定价决策时,生产型企业一般采用成本利润率来计算,商业型企业一般采用销售利润率来计算,农业型企业则采用纯收益率来计算。

1. 产品利润的计算

(1) 生产企业的产品利润:

成本利润率=产品利润÷生产成本×100%

产品利润=出厂价格−生产成本−价内税=生产成本×成本利润率

(2) 商业企业的销售利润:

销售利润率=销售利润÷销售收入×100%

销售利润=销售收入−进货价值−流通费用−税金=销售收入×销售利润率

(3) 农产品纯收益:

纯收益率=农产品纯收益÷农产品价值×100%

单位农产品纯收益=农产品价值−生产成本−运销费−农特税=农产品价值×纯收益率

2. 边际利润与利润最大化

(1) 边际利润。边际利润又称边际收益或边际贡献,是定价决策中采用的一种新的利润概念。边际利润的值等于销售收入与变动成本的差额。边际利润与销售收入的比率称为边际利润率。用公式描述为:

边际利润=销售收入−变动成本

边际利润率=边际利润÷销售收入×100%

（2）利润最大化原则。利润最大化原则就是建立生产经营的最佳规模经济效益，使利润达到最大化。经济学中已经证明，利润最大化的条件为：边际利润=边际成本。

当边际利润大于边际成本时，表明增加产量还可以增加利润；当边际利润小于边际成本时，企业必须减少生产，否则会降低利润。

在定价决策时，应用利润最大化原则，在产量、成本、利润与价格之间寻求一个最佳平衡点。

利润是企业所追求的最终目标。正确地计算利润是企业定价决策的重要工作，也是企业保持利润水平的前提和保障。

关键点提示

产品利润的计算分为如下三种：

1.生产企业的产品利润；2.商业企业的销售利润；3.农产品纯收益。

2.17 如何计算产品价格中的税金

工作场景描述

当企业要计算产品价格中的税金时，可查看。

解读与分析

税金是国家依法对经营主体所得收入征收的货币现金。税收的种类有很多，按照税收是否与产品价格相关，分为价外税和价内税。

价外税是指不能计入产品价格的税种，主要包括企业所得税、个人所得税、财产税和行为税。

价内税是指能够直接计入产品价格，并最终由消费者承担的税种。价内税的高低直接影响着产品价格，主要有以下五种。

1. 增值税

增值税是以商品生产和流通中各个环节的新增价值额或商品附加值为征税对象的一种流转税。增值税的计算方法如下。

（1）一般纳税额：

应纳税额=当期销项税额−当期进项税额

销项税额=销售额×增值税税率 进项税额=买价×扣除率

（2）小规模纳税人：

应纳税额=销售额×征收率（6%）

（3）进口货物：

应纳税额=组合计税价格×增值税税率

组合计税价格=关税完成价+关税+消费税

2. 营业税

营业税是对提供经营性服务、转让无形资产或者销售不动产的企业，按其营业额、转让额、销售额征收的一种税。计征营业税的行业主要包括交通运输、金融保险、邮电通信、建筑、文化教育、娱乐、体育及各种服务业。营业税的计算方法如下：

应纳税额=销售收入×税率

销售收入=营业成本×（1+成本利润率）/（1−营业税税率）

3. 消费税

消费税是对特定的消费品和消费行为征收的一种税。消费税的作用是正确地引导消费，抑制超前消费，调整消费结构，缓解供求矛盾。征收消费税的消费品分为五大类：过度消费会对人体有害的消费品，如烟、酒；奢侈品和非生活必需品，如化妆品、珠宝首饰；高能耗及高档消费品，如轿车；不可再生和不可替代的石油类消费品；具有财政意义的消费品。消费税的计征方法分为从价计征和从量计征两种。

从价税：

应纳税额=销售额×消费税税率

销售额=生产成本×（1+成本利润率）/（1−消费税税率）

从量税：

应纳税额=单位产品应纳税额×销售数量

4. 资源税

资源税是对开采或加工自然资源的企业征收的一种税。资源税征收的范围包括原油、天然气、煤炭、金属及非金属矿制品、盐等。资源税的计算公式为：

应纳税额=单位税额×课税数量

5. 关税

关税是对进出国境的货物征收的一种税，分为进口关税、出口关税和过境关税。进出口关税的计算公式如下：

进口关税=进口商品完税价×进口关税税率

进口商品完税价=进口商品CIF价格×外汇牌价

出口关税=出口商品完税价×出口关税税率

出口商品完税价=出口商品FOB价格/（1+出口关税税率）

纳税是企业的义务，税种和税率是国家调节市场价格的重要手段，税金通过产品的销售最终由消费者承担。因此，企业应在守法的前提下科学分析应缴税金，同时结合消费者的特点，做出合理的定价决策。

> **关键点提示**
>
> 能够计入产品价格中的税种主要包括以下五种：
> 1.增值税；2.营业税；3.消费税；4.资源税；5.关税。

2.18 如何选择新产品的定价策略

> **工作场景描述**
>
> 当企业对新产品实行切实可行的价格安排时，可查看。

解读与分析

价格策略的正确选择能使企业新产品的价格与营销组合中的其他因素很好地结合起来，从而促进和扩大企业的销售量，提高企业的整体效益。

面对日益激烈的市场竞争，企业究竟应该制订怎样的定价策略，才能够顺利实现本企业的营销目标和营销战略呢？怎样的价格策略才能够为企业赢得市场竞争的优势地位呢？一般来说，应该考虑下列因素。

1. 按照价格的高低来定价的策略

新产品有以下三个特点：新产品缺乏同类产品作为参考对象，企业没有相关的市场经验，定价比较困难；企业对新产品的市场需求缺乏了解，需要详细的市场调研，才能制订出被消费者所接受的价格；消费者对新产品的性能和价值都不甚了解，对价格很难认同，而且担心新产品在日后的销售过程中价格会有很大变动。

新产品按价格的高低来定价的策略分为三种，即撇脂定价策略、渗透定价策略和满意定价策略。

（1）撇脂定价策略。

① 策略描述。

撇脂定价策略是指在新产品上市之初，确定较高的价格，在短时期内获取高额利润。这种定价策略是利用消费者求新求异的心理，以高价刺激消费。根据促销力度，撇脂定价策略分为快速撇脂策略和缓慢撇脂策略两种。

◆ 快速撇脂策略——高价高促销策略。

快速撇脂策略是指将产品以高价投入市场，同时配以强大的促销攻势，使消费者迅速认识新产品，进而在短时间内形成较强的购买力，迅速占领市场。

快速撇脂定价策略适用于需求价格弹性小、产品生命周期短、更新换代快和流行性强的产品，这类产品需要迅速收回投资，及时退出市场，避免替代品和改进产品的竞争。

◆ 缓慢撇脂策略——高价低促销策略。

缓慢撇脂策略是指为新产品制定较高的价格，但并不采取强大的促销手段，而是让消费者的消费倾向逐渐由老产品转移到新产品上。

缓慢撇脂定价策略经常被应用在改进型新产品的定价上，因为消费者对老产品已经十分熟悉，所以企业只需要花费很少的精力宣传新产品，就可以将消费者吸引过来。缓慢撇脂策略要求产品的生命周期较长，需求价格弹性较小。一个典型的例子就是20世纪80年代彩色电视机刚刚在我国出现时，每台售价都在3 000元左右，并且这种高价一直持续到20世纪90年代中期。

②撇脂策略的优点：

◆采用高价策略迅速收回资金，不仅能降低企业财务风险，还可以将收回的资金用于扩大生产。

◆初期采取高价策略，给产品留下较大的调价空间，如果遇到激烈的竞争，可以主动降价，而不至于造成亏损。

◆新产品定高价还可以塑造优质的品牌形象，提高产品和企业的声誉。

③撇脂策略的缺点：

◆过高的价格会使很多消费者难以接受，从而影响产品的销量，不利于开拓市场。

◆高价格所带来的高利润会吸引很多竞争者加入，加剧竞争，进而导致产品价格下降，企业的高利润不能持续太长时间。

◆当消费者对产品的价值有了正确的认识以后，可能会认为企业在牟取暴利，对企业的形象造成不利影响。

（2）渗透定价策略。

①策略描述。

渗透定价策略是一种与撇脂定价策略截然相反的定价策略，是指新产品以非常低的价格进入市场，利用消费者求廉求实的心理，迅速占领市场，并不断提高市场份额。这种定价方法通过增加销售量达到规模经济，从而降低成本，定出较低的价格。渗透定价策略同样分为快速渗透策略和缓慢渗透策略。

◆快速渗透策略——低价高促销策略。

快速渗透策略是指采用低价格和大力促销的手段将新产品快速推向市场，让消费者很快地接受。

快速渗透策略适用于那些产品生命周期较短、需求价格弹性较大、进入障碍低且竞争激烈的产品。因为这种定价策略不仅使产品在市场上迅速扩散，还能使打算进入该行业的竞争者面对低价格、低利润望而却步。

◆缓慢渗透策略——低价低促销策略。

缓慢渗透策略是指对新产品采取低价格配以低促销的定价策略。这种定价策略适用于产品生命周期较长、需求价格弹性较大的改进型新产品，不需要很高的宣传费用，通过薄利多销的方式获取长期利润。

②渗透策略的优点：

◆低价格容易被消费者接受，有利于提高产品的市场占有率。企业用低利润换取长期优势，可以获得长期稳定的市场地位。

◆低价格、低利润使许多竞争者觉得无利可图，从而阻止竞争者的进入，避免了激烈的竞争。

③渗透策略的缺点：

◆低价格造成投资回收期长，影响企业资金的周转和使用效率。

◆低价格方案是在高销量的条件下制订的。如果产品不能达到预期销量，企业就会面临很大的风险，造成严重的亏损甚至破产。

◆价格太低可能会使消费者对产品的质量产生怀疑，从而影响产品形象和销量。

（3）满意定价策略。

满意价格策略是介于上述两种策略之间的一种定价策略，即采取适中的价格将新产品打入市场。

这种定价策略回避了撇脂定价策略定价过高无法打开市场所带来的风险，也避免了渗透定价策略在初期获得利润较少、投资回收期过长的缺点，兼顾了企业、消费者和竞争者三方的情况，有利于打开产品销路，获取收益和树立企业形象。

撇脂定价策略、渗透定价策略和满意定价策略各有利弊，企业在为新产品定价时要根据产品特点和市场情况选择恰当的策略，力图为企业创造出最高的利润。

2. 按照不同类型的消费者来定价的策略

（1）完全一级价格歧视策略。指的是给每个购买者不同定价的策略。完全一级价格歧视策略是通过征询每个消费者愿意为产品支付多少钱的方法来定价的策略。这种定价策略具有如下弊端：

①向每一个消费者索取不同的价格在实际生活中是不太具有可操作性的；

②企业通常也得不到消费者愿意为其产品支付的真实价格，无法获得真实的价格信息。

（2）二级价格歧视策略。指的是企业通过产品或者服务消费量来索取不同价格的策略。二级价格歧视策略是通过买者的自我选择机制来实现的。例如中国移动的优惠售卡活动，运用的就是二级价格歧视策略。如果用户购买面值为100元的神州行充值卡，就可获得中国移动赠送的18元话费；如果用户购买更高面值的神州充值卡，将会获赠更多的话费。

（3）三级价格歧视策略。指的是按消费者需求进行定价的策略。三级价格歧视通常将消费者分成具有不同需求的两组或者更多组，分别对其中的各组消费者实行不同的价格策略。例如，对学生和老年人实行折扣价就属于三级价格歧视策略。

3. 根据不同的产品组合来定价的策略

产品组合是指某一企业所生产或销售的全部产品按大类和产品项目的组合。产品组合中的产品项目是指能够根据大小、外观、价格或其他属性明确区分的产品单元。产品组合定价时必须考虑各产品项目之间的配合，其定价方式主要有以下六种。

（1）分档定价法。就是将企业产品线上的产品项目按照档次、型号、功能定以不同价格。例如，某企业有两条产品线：冰箱和洗衣机。冰箱作为一个产品线，分为大型、中型、小型等不同型号，洗衣机分为半自动、全自动等不同档次。企业在使用分档定价法时，应根据不同产品线上产品的性能、成本差异，考虑消费者心理因素和竞争对手产品的价格，拉开档次，由低到高定产品价格。

在实际销售中，一条产品线上的产品往往被陈列在一起，因此对产品线的不同产品分档定价，可以改变顾客的价格敏感性，获得更大的收益。例如两款数码摄像机，一款具有数码镜像功能（可照数码照片），另一款则不具有此功能。当两款的价格相差较大时，顾客若不需要镜像功能，就会倾向于选择价格便宜的一款；若将第二款的价格提高，定价与第一款价格相差较少，顾客则在比较过程中会认为第一款的功能较多，价格比较实惠，进而选择购买第一款产品，使高档品的销量增加。若企业推出一种功能更为先进、定价明显更高的摄像机作为参照，顾客对前两款的价格敏感度都会降低，购买量就会有一定的上升。

（2）可选配产品定价法。推出主产品的同时也推出可以选择的配套产品。一般来说，选配产品的定价应略高，因为在付出较多的金额购买主产品后，顾客对选配产品的价格敏感度会降低。例如在餐饮业中，酒店一般将酒水或饮料定以高价，顾客就餐时比较注意主餐的价格，而对酒水的价格不是特别敏感。酒水的高利润可以弥补主餐的低利润，保证酒店的盈利额。

（3）俘房产品定价法。俘房产品定价法就是把产品组合中的一种产品定以较低价来吸引顾客，把另外的一种或几种相关产品定以较高价来获取利润。定价较低的产品称为"引诱品"，较高的称为"俘房品"。

一般来说，引诱品的特征是价值大、使用寿命长、购买频率小；俘房品的特征则是价值小、寿命短、购买频率大，一般为易耗品。例如，定价较低的打印机属于引诱品，定价较高的墨盒则属于俘房品。我们在购买摄像机时可以发现，不同款式摄像机的电池被设计成不同型号、外观，甚至其电压也有所不同，并且价格不低。摄像机生产厂家采用的便是俘房产品定价法。

（4）副产品定价法。许多行业在生产主干产品的同时会伴有副产品，对于副产品可以采用增量成本定价法。在主干产品价格竞争比较激烈的时候，副产品带来的收入可以弥补主干产品定价较低所导致的收益不足。

（5）配套组合定价法。配套组合定价法是把本企业生产的不同产品进行配套组合，将不同的组合定以不同的价格。一般可以把连带使用的商品配套组合出售，如学生文具组合，这样既能节省购买者的购买时间，又能增加销量，甚至可以将库存积压品合理地搭配在组合中销售出去。实行配套组合的销售方式实际上是多销售了产品，因此定价一般应低于组合中单件产品定价的总和，以满足顾客追求实惠的心理。此外，也可以将化妆品、保健品等高价产品配套组合，再配以精美的包装，定以高价，满足顾客追求高档产品的心理。

（6）两段定价法。在服务业中，两段定价法是经常采用的方法，即在先收取一定

新产品运营管理常见问题清单

固定费用的基础上再加上一定可变的使用费用。例如，电信业在手机的收费中一般先收取一定的固定月租费，在此基础上按实际通话时间收取话费。大型游乐场也先收取门票费用，游乐场内各具体游乐项目再分别收取不同的票价。

产品组合定价的目的是获得企业整体收益的最大化，因此在定价时，应综合考虑企业各产品线、产品项目之间的配合，还必须考虑产品生命周期的影响，综合制订价格方案。

4. 根据不同的地理条件来定价的策略

这是在企业的产品销售活动涉及不同的地点时需要考虑的一种定价策略。

（1）按照产品的产地来定价的策略。所谓按照产品的产地来定价，指的是企业将产品按照出厂价统一卖出。采取这种定价策略，企业只需要收取产品的出厂价，而不用负担产品的各种运输费用和风险。但这种定价策略，容易使企业丧失较远地区的消费者。

（2）按照统一交货定价的策略。这种策略与前一种策略正好相反，也就是说，企业的产品价格对所有的消费者都是统一的。这种定价策略忽略了路途的影响，产品的价格中已经加入了运费。这种定价策略实质上是让路途近的消费者承担了一部分路途远的消费者的运费，因此，如果运费占了相当大的比重，就会使企业丧失一部分较近地区的消费者。

（3）分区定价策略。分区定价策略介于以上两种定价策略之间，它是一种比较公平的定价策略。企业将各地的消费者分成若干地区，对同一价格区的消费者实行统一的价格，而对不同价格区的消费者实行不同的价格。采用这种定价策略的最大问题在于，如果两个价格区是相邻的，其价格差别却有可能较大，这时企业如何把握好其中的差价就成为定价的核心问题。

（4）减免运费的定价策略。为了弥补统一交货定价策略的不足，企业在向其他地区市场渗透时，全部或者部分负担运输费用。企业这样做的目的是促进成交数量和企业产品销量的增加。

（5）按照基本地点来定价的策略。基本地点的定价策略指的是企业选定某些城市作为定价的基本地点，然后按照基本地点到消费者所在地的距离远近来收费的定价策略。企业可以只选择一个基本地点，也可以同时选定好几个基本地点。

综上所述，新产品的定价策略可以通过以上各种方式，结合企业的实际情况自主选择。

5. 利用消费者的心理来定价的策略

消费者对产品的需求是千差万别的，根据不同类型消费者购买产品的心理规律来定产品的价格，能迎合消费者不同的心理需求，不仅可以扩大产品销售，还能够培养消费者对企业品牌的偏爱和忠诚度。

（1）尾数定价策略。尾数定价是以零头数结尾的定价形式。通常是以奇数或人们喜欢的数字结尾，在直观上给消费者一种便宜的感觉，从而激起消费者的购买欲望。尾数定价主要适用于价值较低的一般日用品和副食品。由于这些产品需求量比较大，购买频率较高，因此消费者对价格非常敏感，使用尾数定价方法给人定价精确、一分钱一分货的感觉。

（2）整数定价策略。整数定价是以整数的形式确定产品的价格，强调价格的明朗性，给消费者一种"优质优价"的感觉。整数定价策略主要适用于价值较高的高档耐用消费品。对于这类产品，消费者更多注重的是产品的质量和性能。只要质量可靠、外形美观，即使多支付几十元甚至几百元也无所谓。整数定价可以在消费者心中树立高价优质的品牌形象。

（3）招徕定价策略。招徕定价策略分为两种情况。

①低价招徕：指为了吸引顾客而暂时将少数几种产品以优惠价格出售的策略。低价招徕利用了消费者的求廉心理，以接近成本甚至低于成本的价格出售一些产品，目的是以低价格吸引消费者在购买这些特价产品的同时连带购买其他正常价格的产品，从而扩大整体销售量。这种方法被大中型超市广泛应用。许多"两元店""八元店"也是采用这种定价策略。采用低价招徕策略的产品应该是消费者熟悉和常用的，与消费者的生活息息相关。消费者对这样产品的价格比较敏感，得知价格降低时会产生购买的欲望；

②高价招徕：与低价招徕相反，高价招徕是利用人们的好奇心理将产品定以高价来吸引顾客。例如，某商场出售过一种价格高达3 000元的打火机，引起许多人的兴趣，大家都想看看这种"名贵"的打火机是什么样子。当然，购买这种高价打火机的人寥寥无几，但是它旁边售价3元一只的打火机却因此打开了销路。

（4）声望定价策略。又称"炫耀定价策略"，是指企业根据产品或企业自身的声望对产品制订高价的策略。声望定价策略利用消费者的慕名心理，根据产品在消费者心目中的声望定高价，使顾客对产品产生信任感、安全感和声誉感。有些产品是利用名牌效应，消费者认为名牌产品的质量可靠，宁愿出高价购买。还有些产品定以高价是为了满足消费者炫耀身份、显示地位的虚荣心理，如昂贵的工艺品和名牌服饰。采用声望定价法为产品定价，切忌降价促销，这样不仅无法满足顾客的求名心理，也会损害产品长期树立起来的高贵形象。

（5）小计量定价策略。有些产品价格较高，如果计量单位再大，所标价格就会使消费者感觉太贵而不愿购买。如果采用小计量定价，化整为零，则比较容易被消费者接受。例如，一些名贵药材以"克"为计量单位标价，上等的茶叶以"两"为计量单位标价等。

（6）安全定价策略。又称"一揽子定价"，是指企业在销售产品时，将产品的安装、维修等后续服务费用都计算在产品的价格之内。此种定价方法适用于价值较高的大件产品。顾客购买产品的同时得到售后服务的保证，消除了在产品使用或维修方面的种种担心，解除了后顾之忧，增加了安全感。

（7）习惯定价策略。习惯定价策略是根据消费者在日常生活中的消费习惯来定价格，适用于日常消费品和生活必需品。由于很多日用消费品的价格在很长时间内比较稳定，消费者对其价格极为熟悉，若是提价，消费者会很难接受，若是降价，又可能引起消费者对产品质量的怀疑。因此，对这些产品的价格调整应采取间接的方式，如先更换包装，再调整价格。

采用心理定价策略时，企业要根据产品的性质特点、所处的地理和文化环境、目标顾客的消费特征等因素综合考虑消费者的心理，制订出符合其心理偏好的价格策略，从而扩大产品的市场份额。

关键点提示

制订新产品的定价策略要考虑以下因素：

1.按照价格的高低来定价的策略；2.按照不同类型的消费者来定价的策略；

3.根据不同的产品组合来定价的策略；4.根据不同的地理条件来定价的策略；

5.利用消费者的心理来定价的策略。

2.19　如何掌握新产品的定价技巧

工作场景描述

当新产品价格的确定受到多种因素的影响时，可查看。

解读与分析

新产品的定价需要掌握一定的技巧，因为单纯的"步骤式"定价根本不能体现市场对产品的期待程度，也显示不出消费者对产品的偏好。新产品的定价技巧可以从以下五方面来考虑。

1. 从产品线上寻找定价技巧

新产品开发的管理人员往往要为一系列具有紧密联系的产品，或者是为一整条产品线确定价格。从产品线的角度来为新产品定价，需要掌握以下定价技巧。

（1）价格组合包的定价。指的是将一系列新产品装在一个包装盒里一起出售给消费者。一方面，以价格组合包的形式来出售新产品，可以取得产品定价的"规模效益"，即组合包的价格可以定得比单个产品的价格总和小。企业之所以这样定价，是看中了其可以减少存货、促进销售的有利一面。例如，有的家电生产商以成套的方式出售家用立体声系统。另一方面，企业也可以利用这样的定价形式来定比单个产品的价格总和高的组合产品价格。比较常见的是麦当劳的附带各种赠品的套餐组合，其价格就高于单独卖出的每一种产品的加价,而高出的价格往往是各种赠品的价格。

(2)按照不同的档次来定价。这种定价技巧的关键之处在于,企业不改变产品的品牌,但通过改变同一品牌产品档次的方式,来生产同一品牌各种价位的产品。"羽西"的定价策略就使用了这一技巧。这种定价技巧有很长的触角,它既能够考虑到极具品位的、有足够消费能力的消费者,也能够照顾到那些对品牌有忠诚度,但消费能力不是很强的消费者。

(3)配套的定价技巧。指的是利用产品的配套限制来确定比单个产品的加价总和高的配套价位。这种定价技巧适用于那些必须配套使用才能够发挥功效的产品。某公司的刀座和刮胡刀的配套销售采用的就是这一定价技巧。但这种定价技巧只有在其零配件的竞争不是很激烈或者企业拥有专有配套技术的时候才会产生效果。

2. 从产品价值上寻找定价技巧

从产品价值上寻找定价的技巧,要区别两个重要的概念:一个概念是"按照产品的价值来定价",一个概念是"价值定价"。

(1)"按照产品的价值来定价",指的是依据消费者对产品价值的估计,并结合本企业对产品可变成本的估计值来确定新产品价格的定价方式。

(2)"价值定价"指的是以低于消费者对产品价值的估计值的水平来对新产品定价的方式。价值定价将价值和成本之间相当大的差额让渡给消费者,使消费者感到"十分合算"。价值定价是一种低价策略,但又不同于渗透定价。与渗透定价相比,价值定价更侧重表现产品在低价后面所体现出的高档次。也就是说,价值定价是"价低质高"。价值定价的产品带给消费者的舒适和享受丝毫不亚于高价优质的产品。

3. 日常低价的定价技巧

日常低价的定价在零售业内运用得比较频繁。例如,沃尔玛打出的口号是"天天低价"。之所以会出现对日常低价的需求,是因为无论是企业还是消费者,都已经厌倦了没完没了的促销和频繁的降价销售策略。日常低价的定价技巧能够保持产品的低价位,并卓有成效地节省促销费用。但企业在转向日常低价的过程中,可能会遇到以下问题。

(1)价格策略是用过去的价格来调节的,在短期内很难改变。

(2)企业有可能具有较高的成本结构,因此其产品的降价很可能不会较原来的价位有太大的浮动，就是说消费者对降价的反应可能并不是很敏感。因为价位不够低，消费者的反应有可能很迟钝。这样一来，企业又不得不再一次降价，这又可能招致消费者的等待观望，难以很快地刺激消费。

（3）进攻性地采用日常低价有可能造成竞争者之间残酷的价格战，恶化竞争环境。

4. 在差异化中寻找定价技巧

可以从以下方面掌握差异化的定价技巧。

（1）采用价格歧视实现差异化定价。这种定价技巧已经在前面的有关各级价格歧视的定价策略中提到过。

（2）对次要市场采用折扣定价。指的是在与主要市场隔开的另一个市场上，以折扣的价格推销企业多余的产品。

这种定价技巧通常是在企业的生产量过高以至于产生多余产品的时候运用。只要产品是按照高于可变成本的价格出售的，它创造出来的边际贡献就有助于企业弥补管理费用。

（3）特定时间的定价技巧。指的是企业在特定的时间内采取适当调整产品价位的方法。企业既可以在特定的时间段内对产品定高于平时的价格，也可以在特定的时间段内对产品定低于平时的价格。

例如，航空公司在春节前的较长一段时间内将机票以超低价格售出，可以大大刺激一部分消费者提前购买。但当春节临近的时候又及时抬高价位，许多没有提前购票的消费者也不得不购买。

5. 利用"月晕效应"的定价技巧

所谓"月晕效应"的定价，指的是利用一些很有影响力的人或者事件大做文章，乘机抬高产品的价格。心理学上借用"月晕"这一自然现象来描绘当人们认识某种事物时，由于个人的心境或者对象的某些特征而对其产生好感，就像月晕一样，觉得它的形象更好，更为完美。企业在定产品的价格时，完全可以借用心理学上的这种所谓的"月晕效应"给产品定一个高价。例如，可以通过请明星打广告，或者聘请某位明星担任产品的形象代言人等方式提高产品的品位，从而相应地为产品定高价。

综上所述，每个企业制定产品价格方案的时候都应该掌握对产品的定价技巧。应该指出的是，企业不能仅仅为了赚取大量的利润而不择手段地滥用定价技巧，因为对产品价格的确定也涉及职业道德的问题。例如对一些药物，如果定过高的价格，使价格大大超出大部分需求者的购买能力，无疑会遭到全社会的谴责和唾骂，企业不但不能如期收回投资和利润，还有可能使企业的声誉大大受损。

关键点提示

新产品的定价技巧包含以下内容：
1.从产品线上寻找定价技巧；2.从产品价值上寻找定价技巧；3.日常低价的定价技巧；4.在差异化中寻找定价技巧；5.利用"月晕效应"的定价技巧。

2.20 如何理解定价战略与市场需求的关系

工作场景描述

当企业需要根据市场需求设计定价战略时，可查看。

解读与分析

市场需求最终决定着企业的获利程度，因此企业进行产品定价时必须充分考虑市场需求情况。根据经济学的需求规律，在非价格因素不变的条件下，价格上升，需求量会下降；价格下降，需求量会上升。

需求的价格弹性是影响需求变化的重要因素。在实际定价过程中，企业应首先考虑产品的价格弹性，然后针对市场的不同价格弹性制定不同的定价决策。

1. 需求价格弹性公式

需求价格弹性是一种最常用的价格弹性，反映了价格变化对市场需求量的影响程度和消费者在价格变化时购买量的变化。

$$E_p = \frac{\Delta Q/Q}{\Delta P/P} = \frac{\Delta Q}{\Delta P} \times \frac{P}{Q}$$

式中：

E_p代表价格弹性；P代表产品价格；Q代表需求量；ΔP代表价格变化的绝对数量；ΔQ代表因价格变化引起的需求量变化的绝对数量。

2. 价格弹性与市场需求的关系

一般来说，价格弹性根据其数值不同有如下几种类型。

价格弹性类型

价格弹性数值	价格弹性类型	实行降价时企业收入将
价格弹性 >1	富有弹性	增加
价格弹性 =1	单一弹性	不变
价格弹性 <1	缺乏弹性	减少

当某种产品价格弹性较大时，通过降价可以使市场需求量扩大、销售总收入增加，提高价格会使总收入减少。这是由于价格变动引起的需求量变动幅度要大于价格变动的幅度。

当某种产品价格弹性较小时，降低价格会使需求量增加，但是销售总收入反而减少，提高价格会使总收入增加。由于价格变动引起的需求量变动幅度要小于价格变动的幅度，所以当价格下降时，因需求量增加导致的收入增加会小于因价格下降而引起的收入减少。

当某种产品价格弹性较小时，可以提高价格来增加企业的收入，但是价格的提高会使价格弹性减小。当提价过度时，产品会变得缺乏弹性，使企业收入减少。但是通过增加营销渠道、改变产品品质和形象等措施，会使价格重新变得富于弹性。

当某种产品的价格弹性为单一弹性时，价格变动不会引起收入的变化。这是因为，单一弹性的产品价格降低所减少的收入，与需求量增加而增加的收入相等。

此外，还有两种比较极端的情况，即完全弹性和完全无弹性。在完全弹性情况下，需求对价格变动的反应十分敏感，价格稍有下降，需求量就会无限增大。但在完全无弹性的情况下，需求对价格的变动毫无反应。

新产品运营管理常见问题清单

3. 价格弹性的估计

现在已经有了比较成熟的方法，可以针对不同的市场计算出产品的价格弹性。企业也可以根据市场观察来大致估计。以下是根据经验对产品进行的价格弹性估算。

（1）必需品的价格弹性小，奢侈品价格弹性较大。

（2）替代品越多且功能越相近的产品，价格弹性越大。

（3）占总收入的支出比重较大的产品价格弹性大，比重较小的产品价格弹性小。

（4）处于饱和市场的产品价格弹性大，非饱和市场的产品价格弹性较小。

（5）用途多的产品价格弹性大，用途少的产品价格弹性小。

（6）应急性产品价格弹性小，非应急性商品价格弹性大。

（7）垄断市场产品价格弹性小，竞争市场产品价格弹性大。

（8）制成品价格弹性较大，零部件价格弹性较小。

（9）消费者对品牌偏好程度越难改变，产品价格弹性越小，反之价格弹性越大。

产品价格的高低直接影响市场需求，不同价格弹性的产品，其定价高低对市场需求的影响程度是不同的。因此，企业在制订或调整产品价格时，必须考虑价格弹性的影响。

关键点提示

价格弹性对市场需求的影响是：

1.对于价格弹性大的产品，降价会使需求量增加；2.对于价格弹性小的产品，降价会使需求量减少；3.价格弹性在不同的市场条件下会产生变化。

2.21 如何把握外部环境因素对定价决策的影响

工作场景描述

当企业想了解产品定价决策受哪些外部环境因素影响时，可查看。

解读与分析

企业的定价决策总是在不同程度上受着外部环境的影响。面对这些不可控制的因素，企业必须制订出与之相适应的价格策略才能够生存。企业定价外部环境主要包括以下五个因素。

1. 国家经济政策

国家经济政策直接影响企业的定价决策，主要有以下四个方面。

（1）价格管理体制。价格管理体制不仅影响着价格体系的形成和价格机制的运行，更重要的是它直接决定了企业定价决策权的大小，并且制约着企业价格决策目标的选择。政府对价格的管理方式可以分为以下三种：

①市场调节价，即通过市场竞争形成的价格；

②政府指导价，即政府规定基准价和浮动幅度，引导经营者合理定价；

③政府定价，即政府对某类产品直接定价。

（2）货币政策。货币政策决定了一定时期内市场货币流通量的多少，从而直接影响市场物价总水平的升降。如果货币供应过量，就会造成通货膨胀，使物价上涨。此外，利息率的调整影响着企业的资金成本，也影响价格的构成。

（3）财政税收政策。国家的财政政策直接影响市场物价水平及其变动。税收作为价格的重要组成部分，其变动会直接造成价格的变化。

（4）收入分配政策。收入分配政策决定了消费者的购买能力，从而制约着企业的定价决策。

2. 政治、法律及文化

（1）政治因素。有时由于某些特殊的政治需要，国家会人为地调整价格，通常是通过制定经济政策来间接地影响企业的定价决策。

（2）法律因素。国家为了维护市场经济秩序，制定了一系列的法律法规，如《中华人民共和国价格法》等，这些都是企业定价决策的法律准绳。

（3）文化因素。社会文化对企业定价有着重大影响，人们在不同的文化背景下形成不同的价值观，进而对产品的价值产生不同的理解和判断。在特定文化条件下，还会产生不同的社会心理，如爱好、情绪、民族精神等，都会直接影响人们的消费行为。以下是一些常见的价格心理及其具体表现。

常见价格心理及其具体表现

价格心理	具体表现
价格预期心理	预计未来会涨价时消费者会抢购，预计降价时会观望
价格攀比心理	认为价格高的产品可以彰显身份、地位，价格低的产品是没有档次的廉价品
价格求廉心理	看到大减价就会产生强烈的购买欲望，而不管是否需要

3. 消费者需求

了解特定消费群体的特征，如年龄结构、收入水平、教育水平等情况，这些信息同样能为企业定价决策提供依据。

4. 市场竞争

在竞争较为激烈的市场条件下，消费者对价格变动非常敏感，企业必须根据市场供求状况和价格波动，及时调整定价策略，以适应激烈的竞争环境。

如果企业在某种产品市场上处于领先地位或是垄断地位，其对价格的制订就有很大的控制权。

5. 科技进步

科技进步对企业定价的影响主要表现在以下两方面。

（1）对成本的影响。科技进步使知识、信息在产品成本中的比重不断增加，市场营销成本由于互联网、B2B、B2C等现代营销方式的应用而不断降低。

（2）对产品生命周期的影响。科技进步使产品更新换代速度加快，产品生命周期缩短。企业为了在激烈的竞争中获得最大的经济利益，必须综合考虑产品、成本、定价与市场的关系。

总之，企业不能改变外部环境，只能顺应外部环境来制订相应的定价策略，并根据外部环境的变化及时调整定价策略。

> **关键点提示**
>
> 影响定价决策的外部因素有：
> 1.国家经济政策；2.政治、法律及文化；3.消费者需求；4.市场竞争；5.科技进步。

2.22 如何确定企业内部因素对定价决策的影响

> **工作场景描述**
> 当企业想了解产品定价决策受哪些内部因素影响时，可查看。

解读与分析

除了外部环境影响企业的定价决策外，企业内部因素也影响着定价决策。

1. 产品成本

产品成本（包括制造成本和销售成本）是企业定价的根本依据。只有产品价格高于成本，企业才有盈利的可能。同一行业中的各个企业，其成本结构也会有很大的差异，因此，努力降低本企业的成本，才能确定较低的价格，在竞争中获得价格优势。企业定价时，不能将成本孤立地对待，而应结合产量、销量、资金周转等影响价格的其他因素综合考虑。

2. 产品性质及特点

企业生产经营的产品的自身特点也会对企业的定价决策产生影响，这主要包括产品的需求价格弹性。

对于需求价格弹性较大的产品，企业如果盲目提高价格，就会使销售量锐减，导致企业的总利润降低。但对于需求价格弹性较小的产品，企业适当提高产品价格就会增加总利润。对于单价较高又难以储存的产品，为加快销售速度不宜定太高的价格；对于某些高档产品、奢侈品和炫耀性产品，较高的价格水平可能更受消费者青睐，同时有利于

新产品运营管理常见问题清单

提高企业形象和产品的品牌形象。

3. 企业的营销目标及营销组合策略

产品定价是营销组合策略中的一个环节，它是为实现企业的营销目标服务的。营销过程会带来营销成本，因此，企业要达到什么样的营销目标，选择什么样的营销组合策略和分销渠道，就要制订相应的价格策略。

4. 企业经营机制

企业作为市场经济中的运行主体，只有具备健全的经营机制，才能快速响应市场的变化，做出及时、正确的定价决策，从而获得新的发展机会。

制定价格决策时，企业必须充分考虑内部各种约束条件，扬长避短，争取创造出更大的效益。

关键点提示

影响定价决策的内部因素订有：

1.产品成本；2.产品性质及特点；3.企业的营销目标及营销组合策略；4.企业经营机制。

2.23　如何把握对企业定价有用的信息

工作场景描述

当企业想掌握充分的信息资料做定价决策时，可查看。

解读与分析

在企业的经营过程中，与价格相关的信息十分广泛，哪些才是对企业的定价决策起着重要作用的有效信息呢？通常可以从以下六个方面来考虑。

136

1. 价格构成信息

（1）直接构成产品价格的各种要素的信息，包括原材料价格、设备价格、交通运输价格、劳动力价格、税收等。

（2）引起上述要素变化的信息，如生产工艺的改进，新产品、新材料、新设备、新技术的开发与应用，工资水平的变化，税收政策的变化等。

2. 供求状况信息

从供应方面看，要了解产品的市场供应能力、供应结构等。从需求方面看，要了解市场购买力，以及消费者的行为偏好、购买习惯、收入水平等。

3. 竞争对手信息

知己知彼，百战不殆。企业要充分了解竞争对手的价格水平、定价策略、产品成本、价格变动等情况，这是企业定价决策的重要参考信息。

4. 价格政策信息

价格政策信息主要包括国家制定的价格管理制度，如价格审批制度、价格监督和协调程序、重要商品的定价原则与方法，以及某些特殊商品的最高限价或最低限价等，还包括国家财政政策、税收政策和信贷政策等宏观经济政策。

5. 价格环境信息

价格环境信息包括某一时期社会价格总水平、货币流通状况以及国际市场价格水平信息。

6. 差价和比价信息

差价是指同种商品因质量或流通过程等因素而导致的价格差异。差价的形式主要有质量差价、地区差价、季节差价、购销差价和批零差价等。

比价是指在同一条件下不同商品价格的比例，它由不同商品之间价格量的比值和不同商品的供求状况所决定。比价形式主要有制成品与投入要素比价、替代品比价、连带品比价等。

企业制订价格决策时应尽量多地收集和价格有关的信息，从而制订出正确的、有效的价格策略。

> **关键点提示**
>
> 价格信息的内容包括以下六个方面：
> 1.价格构成信息；2.供求状况信息；3.竞争对手信息；4.价格政策信息；5.价格环境信息；6.差价和比价信息。

2.24 如何收集价格信息

> **工作场景描述**
> 当企业想了解如何收集有效的价格信息时，可查看。

解读与分析

价格信息的来源十分广泛，企业要想快速、有效地收集到高质量的价格信息，必须遵循一定的原则和方法。

1.价格信息收集的原则

（1）客观真实性原则。只有真实、准确的信息才是有价值的信息。价格信息不真实可靠，会使以后一系列的工作出现偏差，最终导致价格决策的失败。

（2）全面系统性原则。价格信息的内容应尽量全面，并按照一定的顺序连续、系统地收集。

（3）时效性原则。在瞬息万变的市场中，价格信息的收集工作一定要迅速及时，以保证信息的时效性。只有及时地掌握价格信息，才能使企业不失时机地作出决策，从而在激烈的竞争中掌握主动权。

（4）针对性原则。面对广泛的信息资源，如果不进行有针对性、有重点的收集，不仅会使信息的可利用率大大降低，还会造成经济上的浪费。所以，收集价格信息之前，必须先明确所要收集的目标，然后再有的放矢地收集。

2. 价格信息收集的方法

企业可以从很多渠道获得价格信息，主要包括以下六种方法。

（1）调查法。企业可以通过抽样调查、问卷调查和面谈等形式直接获得所需信息。采用这种方法通常可以获得准确、可靠的第一手信息，但需要投入很多时间和精力，有时还会遇到很多阻碍。

（2）台账收集法。企业可通过对产品的经营情况建立台账来获取本企业产品的价格信息，如产品的数量、购销价格和供求状况等。

（3）统计资料收集法。企业可以直接从统计部门或相关主管部门得到很多详细、系统的资料。这是企业获得价格信息的一种简单、直接又可靠的方法。

（4）网络收集法。网络是当今市场竞争中非常重要的信息源泉，企业可从网络中获取丰富的价格信息资源。

（5）报刊摘录法。各类报刊中包含了大量的价格信息，企业通过阅读相关报刊，可摘录到许多关于价格方面的最新信息。

（6）参加会议法。企业通过参加各种经济会议也可获得大量价格信息。参加订货会、展销会、交易会、博览会等，都能使企业更加了解市场行情。

企业可以选择一种或几种合适的方法来收集价格信息，也可综合运用以上各种方法，使收集到的信息更加全面和准确。

关键点提示

要获取有效的价格信息须掌握以下两点：

1.价格信息收集的原则；2.价格信息收集的方法。

2.25 如何对价格信息进行加工处理

> **工作场景描述**
> 当企业要将收集到的原始价格信息转换为有用信息时，可查看。

 解读与分析

企业收集到的原始信息通常是一些零散、没有条理的资料，必须经过一系列的加工处理，使其成为系统的、符合标准的资源，才能够为企业所用。

1. 价格信息加工

（1）记录。对于收集到的原始信息，首先要详细记录，标明信息的来源、内容、收集时间、收集人等，以便查找和使用。

（2）审核。记录原始信息后要进行初始的审核，去除来源不可靠的信息，以确保价格信息的真实性。

（3）筛选。在收集到的信息中，难免会有一些对定价决策作用不大的信息，通过筛选达到去粗取精的效果。筛选后的信息被分成三类：

①需要删除的无用价格信息；

②需要进一步加工处理的价格信息；

③可直接使用的价格信息。

（4）分类。筛选后的有用价格信息要按不同需要分类、排序，以便整理和编写。

（5）整理。已分类的信息还要经过进一步整理，包括定量整理和定性整理。定量整理是对数字信息做必要的计算，从中获得所需数据；定性整理是对文字信息进行归纳总结，得出有价值的决策信息。

（6）编写。已整理好的价格信息要用文字或图表的形式编写成规范的、系统的概括性信息资料，以方便信息的存储、传递和使用。

2. 价格信息存储

经过加工后的信息资料，要以一定的形式保存起来，形成企业重要的信息资源，供日后重复使用。

价格信息存储的形式除了传统的档案存储外，现在更多的是使用电子存储。利用电子计算机进行信息存储，不仅存储量大，而且提高了价格信息检索和传递的效率，为企业迅速做出价格决策提供了条件。

3. 价格信息检索

价格信息存储后，要按照存储方式建立相应的价格信息检索系统，使信息使用者能够在最短的时间内查找到所需要的信息。如果信息资料采用档案存储方式，可采用目录索引、分类索引和时间索引等方式；如果信息资料采用电子存储方式，则可使用关键字搜索等检索方式。

4. 价格信息传递

价格信息必须传递给信息使用者才能发挥其作用。价格信息传递质量的好坏，直接影响到价格信息的使用效果。如果在传递过程中出现信息的扭曲、失真或是延误，将会导致价格决策的失误，因此，信息的传递要做到全面、准确和及时。

5. 价格信息反馈

信息使用者在使用价格信息的过程中，如果发现信息有遗漏需要补充收集，或市场情况发生变化需要重新收集信息，应及时反馈给信息收集者。及时的反馈可以使信息收集工作的目标更加明确，提高信息的使用价值。

总之，企业应严格掌握价格信息加工处理的方法，建立高效的信息处理系统，为企业的定价决策做好充分的准备工作。

关键点提示

价格信息处理的过程主要有：

1.价格信息加工；2.价格信息存储；3.价格信息检索；4.价格信息传递；5.价格信息反馈。

2.26 如何确定价格预测的内容

> **工作场景描述**
> 当企业要明确价格预测的目标和内容时，可查看。

解读与分析

自我国由计划经济转向市场经济以来，产品的价格不再是国家统一制定，而是由市场参与主体根据多种因素自主确定，因此价格预测显得十分必要。

1. 市场因素

（1）市场供求关系预测。市场供求关系预测包括产品的需求总量、供应总量预测，不同市场对产品需求的变化趋势、产品的价格弹性预测等。

（2）竞争者定价策略预测。企业在定价时必须考虑的一个因素就是竞争对手的价格策略，进行价格变动时也必须考虑竞争者的反应。对竞争者的价格预测对企业来说具有十分重要的意义，它主要包括：竞争者生产经营情况预测、竞争者产品价格变化趋势、竞争者应对价格变化反应等。

（3）相关产品情况变动预测。相关产品包括替代产品、互补产品。主要预测内容应包括相关产品价格变动趋势以及供求变动情况。

2. 产品因素

（1）产品成本变化趋势预测。产品成本是给产品定价的基础。产品成本的预测主要包括对产品原材料价格、供给量、薪酬支出、管理费用等方面变动的预测。

（2）产品生命周期预测。由于科技进步和消费者偏好改变，产品的更新换代加快，生命周期日益缩短，成本构成也发生了重大变化，制造环节以外的成本（如研发、售后服务）日益增加。因此，对产品生命周期的预测也是价格预测的重要内容之一。

3. 宏观因素

（1）社会物价水平预测。社会物价水平预测包括对通货膨胀的预测、人均收入的预测以及消费水平和购买力的预测。

（2）政策环境预测。国家的宏观政策环境直接约束和影响企业的经济行为。宏观政策的走向可能会为企业创造良好的商机，也可能为企业带来严重的威胁。企业只有对宏观政策因素进行分析和预测，对未来的变革做好准备，才能做出长远的定价决策，使企业在竞争中立于不败之地。

在价格预测中，若能及时掌握各种因素的变化，则可能给企业带来无限的商机，而对外界因素不敏感的企业则可能被市场淘汰。

关键点提示

企业价格预测应包括以下三点内容：
1.市场因素；2.产品因素；3.宏观因素。

2.27 如何进行价格预测

工作场景描述

当企业在定价决策过程中不清楚价格预测程序时，可查看。

解读与分析

价格预测是利用预测的方法和技术对价格领域需要预测的目标进行定性或定量的分析和预测。在定价决策中，价格预测起着重要的辅助作用。为了确保预测的科学性，可以按照下面的步骤预测。

1. 确定预测目标

价格预测是为定价决策服务的，因此应根据定价决策的需要确定预测的目标。价格预测目标的形式和种类多种多样。

2.收集相关资料

收集相关资料要紧密围绕所选择的预测目标,同时也要结合所选择的预测方法。资料的收集是一个复杂而细致的工作,可将目标层层分解,建立树型模型来辅助资料的收集和预测,使资料收集活动井然有序、条理清晰。

3.选择预测方法

价格预测的方法分为定性方法和定量方法两大类。常用的定性方法有专家意见法、类推法、集合意见法等;定量方法有时间序列分析法、因果分析法等。各种方法对数据的处理方式、处理的复杂程度和所需要的时间、成本都不同,企业应根据具体情况,选择适合企业的、可操作性强的预测方法。

4.根据方法进行检验、分析和计算

首先对价格模型进行置信度、显著性等统计学检验,测定模型的可靠性,再将收集的数据输入模型得出预测结果,形成预测报告,供决策者参考。

5.跟踪检验预测结果的准确性

跟踪检验预测结果的准确性是为了检验预测是否存在偏差,不断改进预测模型,使之更符合实际。

价格预测对企业的价格决策具有重要的意义。为了保证预测的准确性和及时性,企业应成立专门的信息收集机构,时刻注意市场动向,保证在决策时能够获得丰富而准确的信息。

关键点提示

进行价格预测的步骤为:

1.确定预测目标;2.收集相关资料;3.选择预测方法;4.根据方法进行检验、分析和计算;5.跟踪检验预测结果的准确性。

2.28　如何测量价格的敏感性

> **工作场景描述**
> 当企业需要对消费者的价格敏感性进行估计时，可查看。

解读与分析

不同市场的顾客，在不同时间、地点，对不同的产品有着不同的价格敏感性，所以企业定价时应考虑产品的价格敏感性（销售量对价格变动的反应程度），采取不同的定价方式以获取更多的利润。对顾客及其价格敏感性进行分析，可以帮助企业细分市场，制订更为科学的定价决策。

1. 影响价格敏感性的一般因素

（1）认知替代品效应。当顾客对某类产品的了解较少时，价格敏感性较低；若同类同质的产品较多而顾客又相对了解时，价格敏感性较高。

（2）独特价值效应。当顾客认为产品具有区别于其他产品的特色或特殊价值时，对价格的敏感性会降低。

（3）支出效应。产品的价格支出占顾客中收入的比例越小，顾客的价格敏感性越低。

（4）公平效应。当顾客认为产品的定价与原先价格相比，或是与同类产品价格相比是合理的，对价格的敏感性较低。

（5）价格—质量效应。当顾客无法衡量产品的质量时，会认为价格在某种程度上是质量的保证，因此当顾客认为产品的高价格代表高质量时，对价格的敏感性就会降低。

（6）转换成本效应。当顾客认为更换产品会有很大的成本（包括时间、精力、金钱等）时，对产品的价格敏感性会较低。

2. 测量价格敏感性的方法

对价格敏感性的测量，我们已经有比较成熟的方法，典型的有店内购买试验法、调查问卷法和历史数据回归分析法。

新产品运营管理常见问题清单

（1）店内购买试验法：是在消费者不受影响的条件下检验价格对消费者购买量的影响，取得的数据十分准确。此种试验适用于未上市的新产品，通过试验可以较明确地得出价格与销量之间的关系，帮助定价决策者确定最合适的价格。

①方法：

◆选取一家商店，以原价销售商品，记录其销量并将其作为基本标准，每过一段时间，改变价格销售，观察其销量变化；

◆选取两个或多个销量相近的商店（如超级市场），给产品定不同的价格，观察在不同情况下顾客对产品的购买情况。采用此种方法往往可以测定多种因素（如促销因素）对销售量的影响。

②局限性：

◆为了取得准确的数据，店内购买试验往往需要多个店铺配合，耗时较长，成本较大；

◆对新产品进行店内购买试验可能会被竞争对手发现；

◆店内购买试验的适用范围有限，价值较大的产品如汽车等不适合采用此方法。

（2）调查问卷法：这是对顾客价格敏感性调查最直接的方法。这种方法简单易行，成本低，可以很快收到效果。

①方法：

◆设计调查问卷。调查问卷的形式多种多样，应根据需要设计不同的问卷。调查问卷形式示例如下：

Q1: 在什么价格水平下，您会觉得这种产品太便宜以致您会怀疑它的质量？
Q2: 在什么价格水平下，您会觉得这种产品比较经济合算？
Q3: 在什么价格水平下，您会觉得这种产品比较物有所值？
Q4: 在什么价格水平下，您会觉得这种产品比较贵，但是还值得您去买它？
Q5: 在什么价格水平下，您会觉得这种产品太贵，以致您不想购买它？

◆选取调查对象，填写问卷。

选取有针对性的顾客群，首先向顾客描述产品性能，或者请顾客试用产品，使顾客对产品比较了解，并填写调查问卷。

◆运用统计学方法对问卷数据进行分析，得出顾客对此产品的价格敏感性和最佳定价区间。

②局限性：

◆受调查者对问卷的回答可能比较草率，实际购买行为可能与问卷所体现的行为不同；

◆受调查者可能因为某些心理因素（如怕被认为小气）而不填写真实的意图；

◆受调查者由于对产品性能或是对相关产品的价格不了解，因而无法比较价格的高低。

（3）历史数据回归分析法。对于已经上市一段时间的产品，可以使用历史数据回归分析法进行价格敏感性分析。历史数据来源于实际的销售资料，但值得注意的是，这些资料是在不同的时期和市场竞争情况下取得的，其影响因素种类繁多，因此，要测定价格对销售量的影响，必须考虑特定时候的特定影响因素。很多时候，很难完全分清各因素的不同影响，所以有时利用历史数据得不出什么确定的结论。但是通过对这些数据的分析也可看出销售量和价格，以及其他营销变量之间的一些关系，这将有助于企业使用其他测量技术进行价格敏感性分析。

①方法：

收集历史销售数据，对价格和销售量的变化进行统计分析。当然，影响销售量的因素很多（如广告、竞争者策略等），可以建立线性回归模型来反映这些因素以及价格对销售量的不同影响。

②局限性：

◆历史数据收集时间越长，各种非价格因素对销售量的影响越大；

◆其结果的准确与否，很大程度上取决于线性回归模型对各因素的假设是否科学。

3.降低顾客价格敏感性的方法

降低顾客的价格敏感性，关键是使顾客认为价格是合理且可以接受的，通过营销的方法可以在一定程度上降低顾客的价格敏感性。以下是一些常用的方法。

（1）将产品与价格更高的同类产品一起陈列。

（2）强调产品的特色和价值。

（3）使产品成为某种重要物品的配套用品。

（4）提高产品形象，赋予产品内涵，使其具有某种文化意味。

（5）通过公关使顾客认为产品的定价是合理的。

价格敏感性直接反映了顾客对价格的敏感程度和接受程度，因此，企业在定价时应充分考虑这一因素的影响。

关键点提示

对于价格敏感性，企业应该注意如下问题：

1.价格敏感性有哪些影响因素；2.各种测量方法都有其优点和局限性；3.可以通过营销方法降低顾客的价格敏感性。

2.29 如何用定性的方法进行价格预测

工作场景描述

当企业需要用定性的方法预测价格变动趋势以正确地进行价格决策时，可查看。

解读与分析

在激烈的市场竞争中，与价格相关的信息繁多且变化频繁。采用定性的方法对价格进行预测，就是利用个人主观观念、知识、经验、现实直观材料等对市场价格变化的未来趋势做出性质和程度上的判断与预测。

1. 意见集合法

又称主观概率法，即邀请相关代表人员根据其经验判断某种情况发生的可能性（概率）及该情况下的价格，将个人预测经过算术平均或加权平均处理形成预测结果。

2. 德尔菲法

德尔菲法是根据预测目的选定一组专家，以函询方式向专家提出问题，同时提供有关预测所需要的信息，请各位专家做出个人预测。然后，将专家的意见综合、整理和归纳，匿名（不列出表达意见的专家的姓名）反馈给各位专家，再次征求意见。在企业主持预测的机构与专家之间往返循环几次，使个人预测不断得到修正，最后将趋于一致的意见作为最终的预测结果。

其预测步骤如下。

（1）确定目标。确定本次预测的直接目标，并尽可能收集详细的相关信息。目标可为新产品的预计价格。

（2）选定专家。所谓专家是指对所要调查的问题具有足够的知识、经验的人。

①专家的构成。在知识结构上要防止单一的专业人员结构，如对市场价格的预测可以邀请厂家、同行、销售商、市场营销人员、经济学家参加。

②专家的条件。专家应有价格预测方面的专业知识或工作经验，一般学有专长，工作经验10年以上，在相关领域或部门工作。此外，入选专家还应有应答调查的时间和责任感，这样才能保证应答的质量和反馈效果。

③专家的人数。价格预测属于小型预测，一般入选专家人数应为10~15人。

（3）设计调查表。调查表的设计应简明扼要，所提的问题应措辞准确，且不超过20个字。常用的提问方法有表格法、填空法和选择法，尽量便于专家回答。

（4）第一轮征询。将已设计好的调查表和需要附送的有关资料一并寄送各位专家，并尽快回收调查表。

（5）综合、整理及反馈。第一轮征询意见收回后，立即归纳、整理并与其他专家的意见一起匿名反馈给各位专家。专家相互进行客观和公正的评价与修正，每经过一次循环，意见便更加集中。一般情况下，德尔菲法要求进行3~4轮的征询。

（6）预测最后结果。运用数理统计的方法，将专家的意见加权汇总，最后得出预测结果。

德尔菲法较意见集合法复杂，所需的时间和投入也更大，在实际中企业可根据需要选择合适的预测方法。

关键点提示

价格预测可以采用如下定性方法：

1.意见集合法；2.德尔菲法。

2.30 如何用定量的方法进行价格预测

工作场景描述

当企业需要应用定量的方法预测价格变动趋势以正确地进行价格决策时，可查看。

解读与分析

对于预测结果要求准确度高、所收集的资料完整且客观性较强的价格预测，可以建立数学模型，运用统计学方法进行定量预测。下面介绍两种主要的定量预测方法。

1. 二次移动平均法

二次移动平均法是价格预测中常用的方法之一，它以历史销售数据为基础，按照时间顺序分段，反映出价格变动的趋势。

二次移动平均法的计算步骤如下。

（1）首先，根据历史价格记录X计算一次移动平均值M_t。

$$M_t=(X_t+X_{t-1}+X_{t-2}+\cdots+X_{t-N+1})/N$$

（2）在一次移动平均值基础上计算二次移动平均值M'_t。

$$M'_t=(M_t+M_{t-1}+M_{t-2}+\cdots+M_{t-N+1})/N$$

（3）分别计算方程系数a_t、b_t

$$a_t=2M_t-M'_t$$

$$bt=2\times(M_t-M'_t)/(N-1)$$

(4)计算价格预测值Y_{t+T}。

$$Y_{t+T}=a_t+b_tT$$

式中：

X_t为第t期实际价格，一般为某段时间内平均值；M_t为第t期移动平均值；N为进行移动平均时所包含的时段数，一般为给定值；M'_t为在M_t基础上的二次移动平均值；a_t、b_t为线性方程的系数；T为待预测月数；Y_{t+T}为价格预测值。

2.因果分析法

因果分析法通过对现有数据的分析，建立回归预测模型，揭示可能影响价格变动的因素与价格变动之间的关系。

因为可能影响价格的因素很多，所以典型的因果分析法所用的是多元线性回归方程：

$$y=a+b_1x_1+b_2x_2+\cdots+b_mx_m$$

此方程反映了价格受多个因素影响的情况，其中y为预测的价格值；a、b_t（$t=1$，2，3，…，m）为参数，通过计算得出：X_i（$i=1$，2，3，…，m）为第i个影响价格的因素。由于影响因素较多，方程的计算比较复杂，可使用专用的统计软件如SPSS、SAS进行分析。

这里只介绍了几种比较简单实用的定量预测方法，在实际的预测中可以参考统计学的有关书籍，使用专业的统计软件，使预测结果更具科学性。

关键点提示

常用的定量预测方法有：

1.二次移动平均法；2.因果分析法。

2.31 如何使用成本加成定价法

> **工作场景描述**
> 当企业想以产品的成本为基础进行定价时，可查看。

解读与分析

成本加成定价法是企业最常用、最基础的定价方法。它是以产品成本为导向制订产品价格的方法。成本加成定价法又可细分为完全成本加成定价法和加工成本加成定价法。

1. 完全成本加成定价法

完全成本加成定价法是以企业的总成本为基础，再加上一定的预期利润和税金，从而制订产品价格方案的方法。

（1）定价步骤。

①计算产品的总成本和单位产品成本。

总成本=固定成本+可变成本

单位产品成本=总成本÷产量

②确定成本利润率。

③计算产品价格：

产品价格=单位产品成本×（1+成本利润率）÷（1−税率）

（2）优点。计算简便，易于理解，能使企业和消费者都感觉比较公平，不会引起激烈的价格战。

（3）局限性。没有充分考虑市场需求的变化，忽略了竞争的影响，也没有考虑产品生命周期的不同阶段对价格的影响，缺乏灵活性。

（4）适用情况。完全成本加成定价法的应用比较广泛，主要用在租赁业、建筑业、服务业中，在科研项目投资中也经常应用此种方法。

2. 加工成本加成定价法

加工成本加成定价法是以企业产品成本分类为基础，以加工成本为依据计算产品利润，从而定出价格的方法。

（1）定价步骤。

①对产品成本分类，划分出加工成本和其他成本；

②计算不同成本构成下的利润率；

加工成本利润率=外购成本资金占用额×资金利润率÷外购成本总额×100%

外购成本利润率=加工成本资金占用额×资金利润率÷加工成本总额×100%

③计算产品价格。

产品价格=［加工成本×（1+加工成本利润率）+外购成本×（1+外购成本利润率）］÷（1−增值税率−消费税率）

（2）优点。不仅能够使企业的全部成本得到补偿，而且使企业间的利润分配和税收负担合理化，有利于促进专业化协作的发展。

（3）适用情况。主要适用于加工企业和专业化生产联合体的产品定价。

完全成本加成定价法和加工成本加成定价法都是企业最基础的定价方法，后者比前者有了一定的改进，因此使用加工成本加成定价法的企业和联合体越来越多。

关键点提示

成本加成定价法分为以下两种：

1.完全成本加成定价法；2.加工成本加成定价法。

2.32 如何使用目标利润定价法

> **工作场景描述**
> 当企业想以获取预期利润为目标进行产品定价时,可查看。

解读与分析

目标利润定价法是一种以利润为导向的定价方法,它是以企业的目标成本、预计销量为依据,确定一个目标收益率,从而计算出产品价格的方法。

1. 定价步骤

(1)估算不同产量下的产品成本,确定目标成本。

(2)预测产品销售量。

(3)确定合理的目标收益率,计算出目标利润:

目标利润=投资总额×目标收益率

目标收益率=目标利润÷投资总额×100%

(4)计算产品价格:

产品价格=(目标成本+目标利润)÷预期销售量

2. 目标利润定价法的优点

目标利润定价法以目标成本、目标利润和预期销售量为定价依据,充分考虑未来市场情况的变化和企业自身经营能力的发展,为企业谋求长远发展奠定基础。

3. 目标利润定价法的缺点

如果实际销售中不能达到预期销售量或不能实现目标成本,企业所定的价格将不能创造目标利润,情况严重的将使企业陷入危机。

4. 适用情况

目标利润定价法主要适用于大型企业或大型公用事业。大型企业一般投资大,固定成本高,应充分考虑企业的发展潜力,以未来目标为定价依据。公用事业适合采用目标利润定价法的原因是国家对其投资收益率有一定的限制。

使用目标利润定价法，不仅需要确定合理的目标收益率，还需要确定合理的目标成本，这两者共同决定产品的价格。

关键点提示

目标利润定价法的步骤如下：

1.确定目标成本；2.预测产品销售量；3.确定合理的目标收益率，计算目标利润；4.计算产品价格。

2.33 如何使用边际成本定价法

工作场景描述

当企业想以边际成本为依据进行产品定价时，可查看。

解读与分析

边际成本定价法是以边际成本为依据，加上一定的边际利润来定价的方法。这种方法不考虑固定成本，而是以边际成本为依据。当边际成本等于边际收益时，企业将实现利润最大化。

1. 定价方法

边际成本定价法以边际成本为定价的最低界限，只要产品价格高于边际成本，就可以补偿企业的固定成本支出，并且有盈利的可能。计算方法如下：

产品价格=边际成本+单位产品边际利润

由于边际成本与变动成本十分接近，所以为求简便，在实际应用中经常直接用变动成本来代替边际成本。

新产品运营管理常见问题清单

2. 边际成本定价法的优点

边际成本定价法改变了售价低于总成本就拒绝交易的传统做法，为企业提供了一个有利可图的最佳定价区间，在竞争激烈的市场条件下具有极大的定价灵活性，增强了企业的价格竞争能力。此外，这种定价方法计算简便，并且强化了成本管理。

3. 边际成本定价法的局限性

边际成本定价法不能作为企业长期的定价方法，因为它不考虑固定成本，如果长期以此方法定价，固定成本长期得不到补偿，必然会导致企业经营陷入困境。

4. 适用情况

边际成本定价法是企业短期经营决策中经常用到的定价方法，主要适用于市场竞争非常激烈的情况下，如企业生产能力过剩，产品供大于求，产品进入衰退期或者销售淡季时。

企业应该灵活掌握边际成本定价法，并结合自身的战略目标和外部竞争环境的变化，随时调整。

关键点提示

使用边际成本定价法时，企业应掌握以下四点：

1.定价方法：产品价格=边际成本+单位产品边际利润；2.它的优点是增强企业价格竞争能力；3.它的缺点是不适宜作为长期定价方法；4.它是用于应付激烈竞争的短期定价方法。

2.34 如何使用认知价值定价法

工作场景描述

当企业想以消费者对产品的认知价值为依据定价时，可查看。

解读与分析

认知价值又称理解价值，是顾客对产品价值的主观判断。认知价值定价法并不是以成本作为定价的依据，而是以消费者对产品价值的感受和理解作为定价依据。认知价值定价法是以需求为导向确定价格的方法之一。

1. 定价步骤

认知价值定价法在现代企业中的应用一般是首先确定好要开发的产品性能，选定目标市场，通过市场调查确定消费者能够接受的价格和在这一价格水平下的市场容量，估算产品开发、生产所需的投资和产品单位成本，然后根据市场容量和价格计算出利润能否达到企业的期望，决定是否开发和推出这种新产品，并确定最终价格。

成功使用认知价值定价法的关键在于确认消费者对价格的感受和认知，而不是仅仅依据成本。为了正确地判断消费者对产品的认知价值，必须进行科学细致的市场调查和预测。

（1）认知价值的估算方法。

①直接价格评定法。向顾客介绍产品，并提供同类产品的价格和相关信息，请顾客对产品比较后直接评定，写出其认为合理的价格。

②相对价格评定法。请顾客假设一个用于购买此类产品（可与竞争对手的产品相比较）的总支付金额，然后选择几种同类产品，将金额按价值分配给这几种产品，将本公司产品对应的金额比例乘以市场平均价格和用于比较的产品数量，即得出相应的价格。

例如：选出具有代表性的同类产品A和B，与本公司待定价产品M比较，请顾客根据对三种产品心目中的价值，将100元钱分配给这三种产品。结果如下：愿意用于A产品30元，愿意用于B产品36元，愿意用于M产品34元。此类产品的市场平均价格为150元，M产品的相应价格为：$34 \div 100 \times 150 \times 3 = 153$元。

③诊断法。选出一组具有代表性的同类产品，对产品的性能、用途、质量、品牌、服务等要素做出一组属性表，给出权重系数，请顾客打分，参照分值的比例和其他产品的价格来定价。

例如：某类产品已知的市场价格平均为320元，将待定价产品M与同类产品A比较，以产品的性能、外观、质量、售后服务四项作为属性评价，将其权重分别设为30%、20%、40%、10%，做出产品评价表请顾客打分，计算A与M的权重：

产品评价评分表

产品	A	M	权重
性能	35	65	30%
外观	40	60	20%
质量	44	56	40%
售后服务	55	45	10%

对两种产品分别计算权重：

A：$35 \times 30\% + 40 \times 20\% + 44 \times 40\% + 55 \times 10\% = 41.6$

M：$(100-41.6) \times 100\% = 58.4\%$

因此，M的市场价格应定为$58.4\% \times 320 \times 2 \approx 374$（元）。

（2）估算时可能遇到的问题。

①使用直接价格评定法时，顾客可能为了获得相对低廉的价格，不把产品在自己心目中的真实价值反映给企业。对于此种情况，定价决策者可以预先估计产品的认知价值，确定价值浮动的大致水平，用于校正调查的偏差，并扩大调查范围，与顾客沟通，使其提供较客观的信息。

②顾客对产品的了解程度有限，无法形成正确的认知价值。在这种情况下，企业有了较大的自主权，可以选择一定的营销方法，宣传、介绍产品，为产品包装和定位，使产品在顾客心目中树立较高的认知价值。例如，当计算机刚刚面市时，大多数顾客觉得其价格过高，但是经过广泛的宣传活动，其价值逐渐被顾客理解，价格也渐渐被顾客接受。企业必须主动向顾客宣传产品的价值，将顾客对产品价值的认知引导到对自己有利的方向。

2. 适用情况

认知价值定价法的适用情况很多，典型的是餐饮业、旅游业、服务业及零售商业的定价。顾客对产品的认知价值受分销渠道和销售方式的影响，如在麦当劳餐厅内，一杯中杯可乐的价格是4.5元，而在冷饮摊位中只有2元。另外，顾客的认知价值影响顾客对价格的接受程度。例如，在高级酒店内用餐时，顾客会认为18元一瓶的啤酒价格是合理的，而在一般的餐厅内，会认为5~8元比较能够接受。

采用认知价值定价法应避免对认知价值估计过高而达不到相应的市场份额，或者估计过低使企业获利减少的情况。只有正确地了解顾客对产品的认知价值，企业才能通过认知价值定价法获得预期的市场份额和满意的利润回报。

> **关键点提示**
>
> 当采用认知价值定价法时，企业应掌握以下四点：
>
> 1.直接价格评定法；2.相对价格评定法；3.诊断法；4.认知价值定价法的适用情况。

2.35 如何使用价值定价法

> **工作场景描述**
>
> 当企业想用相当低的价格为消费者提供高质量产品时，可查看。

解读与分析

价值定价法的核心在于以较低的价格提供优质的产品。其关键在于保持或提高产品质量的同时降低成本，最终使公司成为真正的成本领先者，以低成本制造出高质量的产品，使消费者认为其购买的产品具有很高的性价比。

1. 适用情况

价值定价法是超市最常用的定价方法，但是它的适用范围极为广泛，并非仅限于零售业。因为采用价值定价法能够吸引大量的理性消费者，在消费者消费观念日益成熟的现代社会，采用这种定价方法常常可以使产品获得较高的市场占有率。

2. 采用价值定价法的误区

价值定价法并不是简单地等同于低价，因为低价常给人以低质量的印象。价值定价法建立在一定质量和品牌的基础上，通过对成本的严格控制，使顾客获得真正的实惠。

如果顾客不了解产品的真正价值，就无法判断其性价比，因此，企业采用价值定价法必须采取相应的营销措施，向顾客扩大宣传，强调产品的价值，使顾客成为产品的拥护者和推广者。

采用价值定价法必须以低成本为基础，一旦获得消费者的认可，产品品牌就会成为物有所值的象征，为企业带来长期的效益。

关键点提示

价值定价法应掌握以下两点：

1.价值定价法的核心在于提供优质低价的产品；2.价值定价法的关键在于降低成本。

2.36 如何使用通行价格定价法

工作场景描述

当企业在定价过程中测算成本有困难或竞争者不确定时，可查看。

解读与分析

通行价格定价法又称随行就市定价法或流行水准定价法，也是以市场竞争为导向的一种定价方法。企业定价的基础是行业的平均价格水平，而不是自己的成本或者市场需求。

1. 适用情况

（1）当市场处于完全竞争状态时。当多个厂商的竞争处于一种相对的平衡状态时，就会出现市场通行价格，企业只能是价格的接受者。当然，完全竞争市场只是一种理想化的状态。在现实中，只要产品的品质趋于相同且顾客没有购买偏好时，就可以采用此种方法定价。

（2）当市场处于垄断竞争状态时，通常由在行业中占支配地位的一家或几家企业率先定价，其他企业则参照其价格相应定出自己的价格，这就是所谓的"价格领袖制"。石油、钢铁等寡头垄断行业常常使用这种定价方法。

（3）当产品的成本难以被估算时，这种方法常常被小型企业所采用。当市场领先者的价格变动时，这些企业也相应地调价。

2. 通行价格定价法的优点

（1）这种方法简便易行，企业不必进行耗时耗资的市场调研和复杂的定价过程，可以节约企业的时间和资金。

（2）采用通行价格定价法可以获得市场的平均利润，使企业具有比较稳定的利润空间。

（3）采用此种方法可以避免定价过高或过低给企业带来的收益风险，同时能够避免因定价出现偏差（如定价过低）而引起的行业内部竞争。

3. 通行价格定价法的缺点

（1）采用通行价格定价法的目的在于使企业获得行业的平均利润。若企业的实际成本高于行业的平均成本，企业就无法获得行业的平均利润。因此，使用这种定价方法必须以企业自身成本接近或低于行业平均成本为前提。

（2）由于企业采用的定价标准是行业平均价格，企业无法获取丰厚的利润。

（3）企业采用行业平均价格，导致其利润空间有限，限制了企业树立自身形象或产品形象的空间。

总之，企业使用通行价格定价法时，必须考虑自身成本、市场竞争情况和行业特点，只有这样，才能作出正确的定价决策。如果企业将产品的品质加以改进，使之与其他产品有所区别，就会有更多的定价方法可以选择。

关键点提示

采用通行价格定价法时，企业应掌握以下三点：

1.通行价格定价法的依据是行业平均价格；2.通行价格定价法的优点；3.通行价格定价法的缺点。

2.37 如何使用增量成本定价法

工作场景描述

当企业想以产品的增量成本作为依据定价时，可查看。

增量成本定价法以增量成本额为基础，当增量收入大于增量成本时，即可以接受相应的定价。

增量成本是由于定价策略不同而产生的成本，它与变动成本的区别在于：变动成本随着产量的变化而增加，其产生与定价策略和销售量相关。增量成本可能包括固定成本的一部分和变动成本。

1. 定价方法

首先计算接受新任务的增量成本和增量收入，得出增量利润：

增量利润=增量收入−增量成本

若增量利润为正值，则可以考虑以相应的价格接受新的任务。

请看一个例子：

某饭店坐落在旅游区内，年固定成本22万元，拥有200间客房，平均房价为100元/天，每天的变动成本为20元。现正处于旅游淡季，入住率只有25%，为了增加饭店的收入，制订了两种可供选择的方案。

方案一：本月内举办一次美食节活动。需要聘请厨师、知名人士参加，对外宣传，采购食品原料，招聘临时服务人员，旨在吸引更多的旅客入住。

方案二：本月内对旅游团队实行优惠，客房价格定为70元/天，增加的支出只有每天的变动成本。

据估计，两方案在本月内都可以提高30%的入住率，即平均增加60个房间。两种方案所需增量成本和增量收入如下表所示。

增量成本分析表

方案一	额度（元）	方案二	额度（元）
增加厨师费用	80 000		
宣传费用	8 000		
增加的物料开支	8 000		
临时服务人员工资	5 000		
增加的变动成本	36 000	增加的变动成本	36 000
增量成本合计	137 000	增量成本合计	36 000

方案一的增量收入=100元/天×60个×30天=180 000元；

方案二的增量收入=70元/天×60个×30天=126 000元；

方案一的增量利润=增量收入−增量成本=180 000元−137 000元=43 000元；

方案二的增量利润=增量收入−增量成本=126 000元−36 000元=90 000元。

通过增量成本分析可以看出，方案二虽然以较低的价格提供房间，但其增量成本较小，增量利润较大，是较好的选择。

2. 适用情况

增量成本定价法在服务行业中应用较多，也是电信业常用的定价方法之一。当对某种服务采取不同的价格水平或提供新的服务时，会产生相应的增量成本和增量收入，企业可根据二者的差额做出正确的决策。另外，在企业生产能力有富余的情况下，决定是否以较低的价格接受新任务时，也适用此方法。

很多情况下，增量成本定价法可以解释为什么企业往往以低价出售产品或接受任务。例如，航空公司在飞机起飞前会同意以低价销售剩余的机票，音乐会或文娱演出在临开场前也会降价售票。

一些企业利用剩余的材料稍做加工，再以低于平均成本的价格出售，从而获得利润。因此，利用增量成本定价法可以有效利用企业的多余资源，增加企业的利润。

关键点提示

当采用增量成本定价法时，企业应掌握以下四点：
1.增量成本定价方法的适用情况；2.增量成本的计算；3.增量收入的计算；4.增量利润的计算。

2.38 如何使用密封投标定价法

工作场景描述

当企业的定价取决于预期的竞争者定价时，可查看。

解读与分析

密封投标定价法也称为投标竞争定价法。企业对竞争对手的报价进行预测，并在此基础上定出自己的价格。在此过程中，定价受到两方面限制：一方面，需要考虑完成任务的成本，若价格低于成本则会损害企业自身利益；另一方面，价格不能过高，价格高于成本越多，中标的可能性越小，这又制约着企业不能制订高于竞争者的价格方案。

1. 适用情况

密封投标定价法具有良好的透明性，应用范围很广泛。政府采购大宗商品、原材料、成套设备，建筑工程项目的买卖和承包，出租出售小型企业，甚至选择经营协作伙伴或供应商，都可以采用此种定价方法。

2. 定价步骤

（1）企业估算此次竞标的标的物的成本，依据成本利润率计算出企业可能盈利的各个价格水平，确定几个备选的投标价格方案，并计算各方案收益。

（2）估计各个竞标对手的情况和可能的报价，估计出各方案的中标概率。

（3）根据每个方案可能的收益和中标概率，计算每个方案的期望利润。每个方案的利润期望值=每个方案可能的收益×中标概率（%）。最后，根据企业的投标目的选择投标方案。

请看一个例子：

投标方案分析

备选方案	报价（元）	收益（元）	中标概率	利润期望值（元）
1	52 000	2 000	0.95	1 900
2	62 000	12 000	0.7	8 400
3	68 000	18 000	0.64	11 520
4	72 000	22 000	0.5	11 000
5	74 000	24 000	0.42	10 080
6	82 000	30 000	0.32	9 600
7	88 000	38 000	0.15	5 700

根据期望值可以看出，最优报价方案是方案3。

3. 估计中标概率

密封投标定价法的难点在于估计中标概率，主要方法有一般对手法和具体对手法。首先，要尽可能多地收集投标项目和竞标对手的信息，通过对中标概率历史数据的统计分析，估算竞标对手高于某一价格的概率，计算本企业赢得标的的概率。

4. 注意事项

（1）机会成本。企业的生产能力是有限的，应当考虑承担此次项目是否会减少其承接其他利润更大的项目的机会。有时企业为了争取长远的收益，会低价竞标，通过项目的实施与招标方建立合作关系，树立良好的信誉和形象，以期将来获得更大的项目。

（2）沉没成本。企业应考虑投标所需的准备费用、信息的收集费用、对竞争对手估算的费用，这些都是即使不中标也无法收回的沉没成本。

（3）增量成本。应考虑企业在中标后的增量成本是否小于其增量收入，以防产生"胜利者的懊悔"。

密封投标定价法是一种以竞争为导向的定价方法，企业在定价过程中除了要使用一定的模型和方法计算外，还需要密切注意竞标对手的动向，及时调整自己的标价。

关键点提示

当采用密封投标定价法时，企业应掌握以下三点：
1.密封投标定价法的使用情况；2.最优方案的确定；3.竞标时应考虑竞标机会成本、沉没成本和增量成本。

2.39 如何针对产品生命周期的不同阶段进行定价

工作场景描述

当企业想让产品在不同销售阶段通过不同的价格策略来取得最佳经济效益时，可查看。

 解读与分析

一种产品从进入市场到被市场淘汰，要经历导入期、成长期、成熟期和衰退期四个阶段。在不同的阶段中，决定价格的三个重要因素——产品成本、市场需求和竞争程度都会发生变化，因此，要根据不同阶段的特点采取灵活的定价策略。

1. 导入期定价策略

（1）阶段特征。导入期是新产品刚刚进入市场的试销阶段，具有以下明显特征：

①与市场上已有的同类产品相比，新产品在品质方面有所改进，具有一定的技术优势；

②生产技术不成熟，质量不稳定，生产批量小，经营成本高；

③消费者对新产品缺乏了解和信任，需求量小，促销费用高；

④生产和经营新产品的企业较少，市场竞争较弱。

（2）定价策略。如前所述，处于导入期的新产品可以选择三种定价策略：撇脂定价策略、渗透定价策略和满意定价策略，这里不再赘述。

2. 成长期定价策略

（1）阶段特征：

①生产技术成熟，质量稳定，单位产品成本下降；

②产品在竞争中占有较大优势，市场需求量迅速扩大；

③竞争对手较少，市场竞争并不十分激烈。

（2）定价策略。基于导入期所采取的定价策略，成长期的定价策略也可分为三种。

①导入期采用撇脂定价策略，成长期应适当降价，以吸引购买力低、对价格比较敏感的消费者，继续扩大市场占有率。

②导入期采用渗透定价策略，以建立品牌信誉，拥有稳定的消费群体；成长期可适当提高价格，以获得较高的单位产品利润。另外，由于市场的进一步扩大，规模效益已经显现，企业若想继续扩大市场，阻止竞争对手的进入，可以选择维持原价或适当降价。

③导入期采用满意定价策略，成长期可采用分档定价策略，开发不同档次、型号的产品，对其分别定以不同的价格。这样不仅可以满足消费者的不同需求，还可以缓解成熟期到来时竞争者纷纷加入所带来的压力。

3. 成熟期定价策略

（1）阶段特征：

①产品定型，开始正常大批量生产，单位产品成本继续下降，规模经济效益显著；

②竞争者迅速增加，市场竞争十分激烈；

③市场需求趋于饱和，需求总量不再增加。

（2）定价策略。成熟期的定价目标应该是选择使企业获得最大利润的价格方案，这一阶段可以采用非价格竞争方式，尽量避免价格竞争。

这段时期应以竞争为核心，维持和扩大现有的市场份额，提高价格的可能性已基本不存在，一般须采用降价策略或维持原价格不变，具体可采用以下三种定价策略。

①竞争性定价策略。依据竞争对手的价格作为调价的依据，以一定的比例进行价格调整。

②产品组合定价策略。对于关联产品采用以一种产品的低价带动其他产品的销售，从而达到增加整体销售额的目的。

③非价格竞争策略。在维持原价格不变的基础上，提高产品质量，增加产品功能及款式，做好售后服务，以物超所值的形式压倒竞争对手。

4. 衰退期定价策略

（1）阶段特征：

①市场需求萎缩，销售量大幅度下降；

②生产工艺落后，设备陈旧，单位产品成本上升，利润水平下降，甚至亏损；

③市场上出现抛售，企业竞争热点转向新产品。

（2）定价策略。在产品衰退时期，激烈的竞争和萎缩的市场，迫使市场价格不断降低到接近于产品的变动成本，此时企业可以采用以下三种定价策略。

①维持价格策略。对于需求弹性小的商品，继续保持原有的价格，以避免损害品牌形象，最大限度地发挥产品在最后阶段的经济效益。

②驱逐价格策略。采用最低价格甚至低于成本，使竞争者无法在该市场立足，从而占领竞争者留下的市场份额，阻止产品销量下降，延长产品生命周期。

③撤退定价策略。对即将被淘汰的产品及时降价销售，尽可能收回资金，把损失降至最低。

针对产品生命周期各个阶段的不同特点，采取不同的定价策略，是企业定价决策工作的一项重要内容，也是企业保证产品销量、延长产品寿命的有效手段。

> **关键点提示**
>
> 产品在生命周期各阶段的定价策略有：
> 1.导入期定价策略——开拓新产品市场；2.成长期定价策略——提高企业经济效益；3.成熟期定价策略——提高竞争力，维持市场份额；4.衰退期定价策略——避免积压，降低损失。

2.40 如何进行差别定价

> **工作场景描述**
>
> 当企业想针对不同顾客、产品及其他因素差异制订不同的价格方案以获取更高利润时，可查看。

解读与分析

差别定价是指企业将同样成本的产品定以不同的价格。进行差别定价的关键是找出可作为定价依据的差别，它可能是来自不同顾客、地点、时间或者产品形象。例如，将同样质量的茶叶用高档礼盒包装可以定价为普通包装的几倍甚至十几倍。

1. 差别定价的条件

（1）实施差别定价的前提是有可细分的市场，并且不同细分市场的需求具有差异性。被细分的市场必须具有可测量性，即市场的规模和购买力是可以衡量的。此外，细分市场必须具有实际价值性，即其规模要足够大，使企业能够获得足够的利润。

（2）必须有足够的限制，保证以较低价买进产品或服务的顾客不会以高价转卖给别的顾客。这种限制可能来自提供服务的不同时段或地点，也可能来自产品自身所具有的时效性。例如，超市中的面包在晚上7点以后打折出售。

（3）在细分市场上实行差别定价所增加的成本应小于实行差别定价获得的利润。

新产品运营管理常见问题清单

企业在为产品实行差别定价时，需要付出一定的费用，如标签改变费用、技术费用、包装费用等。因此，只有获得的利润大于增加的费用时，实施差别定价才有意义。

（4）实行差别定价不应引起顾客的反感和愤怒。有时实行差别定价会使顾客感到受了歧视，例如，在一些旅游区当地人凭身份证可购买低价票，外地游客会对此感到极不公平。对此，我们可以实施改进，如对当地游览者可预售全年优惠票，通过时间差别降低外地游客的不公平感。

2. 差别定价的形式

（1）顾客细分定价。将产品或服务按照顾客种类定以不同的价格。例如，公园对70岁以上的老人不收取费用，学生则可购买较便宜的学生票。

（2）产品形式定价。将成本相同的产品通过改变外包装或形象，定以不同的价格。例如，超市中出售的"家庭装"饼干要比同等分量同一品牌的精包装饼干便宜很多。

（3）地点定价。地点定价指的是根据位置对成本相同的产品或服务定以不同的价格。例如，房地产业出售楼盘时，顶层的价格要远低于平均楼价。演唱会的票价也会随座位位置的不同而不同。

（4）时间定价。将产品或服务在不同的时点或时段内收取不同的价格。例如，在春运期间，飞机票价会调高，而过了高峰期，又下降到原来的水平。

实行差别定价时，还应考虑消费者的收入水平、价格承受心理等多种因素。有效的差别定价可以刺激需求，减少库存，为企业带来丰厚的回报。

关键点提示

实行差别定价时，企业应掌握以下五点：

1.差别定价的条件；2.顾客细分定价；3.产品形式定价；4.地点定价；5.时间定价。

2.41 如何进行动态定价

> **工作场景描述**
> 当企业想根据市场和需求的变化频繁调整价格以获取更高利润时,可查看。

解读与分析

动态定价是指将产品或服务的价格随渠道、客户和时间等因素的变化做出频繁调整的定价策略。动态定价根据消费者对产品的需求和价格承受心理之间的关系,有针对性地定价和调整价格,使企业做到淡季拉动消费,旺季抑制需求,从而获取最大利润。

1. 动态定价的适用情况

（1）生命周期较短的产品。主要包括：具有一定保质期的产品,如面包、蔬菜等；季节性较强的产品,如时装、圣诞树等；更新换代很快的商品,如电脑、手机等。

（2）成本相对固定的服务。对于航空公司和旅馆来说,不管航班是否满座,房间是否满员,其所付出的运营成本都是固定的,而飞机票或者旅馆房间如果到期售不出去,就无法获得任何收益,因此即使以较低的价格售出,也可以提高企业的利润。

2. 不适用动态定价的产品

品牌产品不适用于动态定价,不断调整品牌产品的价格会损害其在顾客心目中的形象。另外,使用频率比较稳定的百货和日常用品也不适用于动态定价。顾客对这些常用产品的价格十分敏感,面对价格的频繁变化,会感到无所适从,甚至对商家产生不信任感。

3. 动态定价的步骤

（1）收集需求信息。动态定价的原理是根据消费者的需求定出其可以接受的价格,目的是获取最大收益。因此,在动态定价中,首先需要确定的是产品的需求变化情况。对于每一个调价周期,企业必须知道其所经营的全部产品价格和销售量,还要了解其他可能对销售量造成影响的外部因素，如竞争对手的价格、产品数量、顾客对不同产品或服务的偏好与价格心理等。

（2）计算最优价格。动态定价需要处理大量的信息，一般需要借助计算机，利用软件计算出最优价格。用于动态定价的软件通过对输入的信息进行分析，预测顾客的需求，计算出最优价格。

（3）实时价格发布。价格定好后，必须实时发布，使顾客和销售人员能够及时获取价格信息并做出相应的决定。在网络平台上，这个问题比较容易解决，很多企业有实时发布价格信息的网页供顾客查询和选择。在航空业，这种情况更为普遍，顾客利用搜索引擎可以收集到各航空公司的票价（票价往往是不同的，甚至差异很大），从而方便选择。

4. 动态定价的方式

（1）时基定价。时基定价是根据顾客需求随时间的变化对产品定不同的价格，主要有高峰负荷定价和清理定价。高峰负荷定价是指在产品需求量较大且缺乏弹性的情况下对其定以较高的价格，如长途话费在工作时段可以定得较高。清理定价则适用于因失去时尚性而贬值的商品，如换季时商场的服装会大减价。

（2）市场细分与限量供给定价。市场细分与限量供给定价是根据顾客在不同渠道、不同时间、不同精力花费情况下对产品价格的承受心理来定价格。以航空业为例，不同票价的设置可能取决于订票时间、航班起飞时间、乘客接受的退票限制条件或其他因素。在航班起飞前1分钟，顾客可能以极低的价格买到机票。

（3）动态推销策略。企业根据顾客的购买记录推断出其购买偏好，并结合自己的库存情况进行有针对性的优惠，增加顾客再次购买的可能性。这则策略需要依靠大数据，目前很多销售类网站都利用大数据推定目标顾客的喜好及消费层级，制订个性化营销策略，对顾客实行差异化服务。

5. 动态定价的优势

动态定价的目的是使企业获得最大收益。动态定价寻求顾客价格承受心理与产品可能的供应量之间的最佳结合点，经济、有效地满足顾客的需求，提高企业收益。实行动态定价的企业一般在技术基础设施方面投资很大，固定成本极高。在市场淡季时，顾客需求减少，资产利用率低下，产品或服务的单位成本昂贵。此时采取打折促销等方式降低价格，增大淡季市场需求，可以提高市场销量来增加淡季销售收入。相反，在旺季时，顾客的需求加大，调高价格可以增加企业收入，在一定程度上也抑制了顾客的需求，使供求趋于平衡。

动态定价能使企业获得更强的竞争优势，它可以提高企业的核心竞争力。由于实行动态定价需要大量的历史数据作为支持，甚至管理层也需要引进新的管理模式，这些都是竞争对手在短期内难以模仿的。

企业是否实行动态定价，应根据产品特点、所处行业、消费者购买习惯及竞争对手的定价策略等多种因素决定。实施动态定价可以有效地提高企业竞争力，增加企业收入。

关键点提示

当进行动态定价时，企业应掌握以下五点：

1.动态定价的适用情况；2.不适用动态定价的产品；3.动态定价的步骤；4.动态定价的方式；5.动态定价的优势。

2.42 如何进行零定价

工作场景描述

当企业想知道哪类产品适用于零定价及如何推广时，可查看。

解读与分析

零定价是指企业以免费的形式为顾客提供产品或服务。在市场竞争白热化的今天，零定价可以帮助企业迅速占领市场，掌握市场的先机。当然，零定价只是企业争夺市场、谋求利润的一种手段。最终，企业会通过销售相关产品或提供服务获利。

新产品运营管理常见问题清单

1. 零定价产品

赠品（实物产品）是零定价产品的最初形式。随着互联网的发展，由于信息产品本身具有几乎无限的可复制性，而且开发成功后的制造成本、传播成本极低，因此，零定价产品主要集中于信息产品和信息服务上。互联网是主要的零定价产品发布和使用平台。零定价产品一般具有较强的体验性，使顾客在使用中能够切身感觉到其优势，达到吸引顾客、获得后续收益的目的。

零定价服务必须针对消费者的需求设计，根据服务成本和市场竞争情况决定所提供服务的质量。

2. 零定价需要注意的问题

实施零定价具有很大的风险性，因此，在实施之前，企业应对实施的目的、对象、形式、后续服务做出详细的规划。

（1）零定价的目的：

①从战略角度出发，发掘后续商业价值。零定价是一种十分有效的产品推广手段，可以使企业迅速占领市场。从战略角度出发，其后续价值可能是成为市场领先者和行业的标准等，将来企业会从中获得更大的收益。例如，网景的Netscape浏览器以免费的形式发布后，迅速占领了70%的市场份额；

②零定价作为一种推广产品的营销手段。一般用于新产品的市场开发阶段，其目的在于使顾客了解产品、体验产品，最终较自然地接受产品。主要形式是免费赠送和免费试用。

（2）零定价适用对象：由于实行零定价的企业要投入巨量的资金，每种产品都有其特定的消费群体，只有明确了被推广的消费群体，才能防止赠品流失，产生效果。例如，免费美容卡的赠送对象一般为年轻女士。

（3）推广方式：指将零定价产品送达顾客的途径和手段，包括送出的时机、地点、人员、媒介、渠道等。尤其是对网络游戏、杀毒软件等产品，推出的时机起到至关重要的作用，因为网络上的免费资源很多，只有把握时机推出产品才能取得市场先机。

（4）后续收益：世上没有免费的午餐。企业实行零定价是为了获得收益，如何获得后续收益是实行零定价最重要的问题。打开市场后，企业应建立销售渠道，迅速把增值服务或其他可获利产品提供给消费者，获得收益，免得"为他人作嫁衣裳"。

3. 零定价获益方式

（1）以免费产品或服务获得间接收益。这种获益方式在网络平台上应用比较普遍。例如，提供免费邮箱或搜索引擎的服务，可以提高网站访问率和知名度，吸引广告商获得收益。在获得免费服务的同时，用户还会获得其他关于产品或企业的广告信息，为进一步消费打下基础。

（2）以免费产品或服务推广增值服务。有许多网络服务商在提供免费服务的同时提供许多增值服务，供消费者选择。例如短视频服务平台的兴起，均是以免费注册会员、提供直播带货等增值服务获得流量和收益双赢的模式。

（3）产品或服务在一定时限或使用次数内免费，待使用者形成使用习惯后开始收费。网络平台有许多的软件试用版和共享软件，使用者可以先免费下载使用，在达到一定次数或某规定时间后再进行收费。例如××商城、××打车等在早起培养顾客使用习惯时，均采用先期让利或免费、市场成熟后收费的方式。

（4）以免费产品打开市场。分为两种情况：一种是免费产品为易消耗品，目的在于使顾客体会到产品的好处之后吸引顾客购买更多的产品。一种是免费产品为引诱品，吸引顾客购买其定价较高的配套产品以获得利润。例如，顾客购买品牌电脑时，有时会得到免费赠送的打印机，而打印机需要使用的墨盒则是定价较高的易耗产品，使用打印机之后，就必须购买配套型号的墨盒。

零定价是企业为了实现战略目标而实行的定价策略。因此，企业在决定何种产品、何种方式、何种时机下实行零定价时，必须首先考虑其是否有利于战略目标的实现。

关键点提示

企业在对产品零定价时，应该注意以下三点：

1.零定价产品有实物产品和信息产品；2.需要考虑其定价目的、适用对象、推广方式和如何获得后续收益；3.零定价的获益方式。

2.43 如何为互联网销售产品定价

> **工作场景描述**
> 当企业需要对网络平台销售的产品进行定价时，可查看。

解读与分析

互联网的飞速发展给传统销售方式注入新的活力，网络平台销售应运而生。目前，国内来自网络平台的销售额每年正成倍增长，很多企业将网络销售当作销售部门重要的销售渠道。网络平台销售无疑成为任何企业都不能忽视的拥有巨大潜力的市场。

1. 网络平台销售产品定价特点

（1）低价性。互联网的兴起和发展都是依托免费与共享的形式，因此，网络销售产品应该具有相对较低的价格这一观念已根植于消费者心中。网络销售本身也具有成本低的优势，主要有如下几点。

①流通费用降低。产品在网络上销售可以节约巨额的流通费用。网络销售商一般绕开中间商直接向厂家订货，不少企业设立了销售网站，顾客可以直接向厂家购买产品。

②库存成本降低。通过网络平台销售，企业可以及时获得市场需求信息，可以根据需求生产或购进产品，减少库存，进一步降低经营成本。

③促销费用降低。网络平台产品的促销方式多样，数字化的促销方式节省了人工费用和材料费，因而促销费用较传统促销方式有很大的降低。

（2）价格差异大。各网络销售商的进货成本、促销方式、定价策略不同，因此，同一件产品在同一时间不同网站的定价往往是不同的。据统计，在网络平台，图书的价格差异率平均为33%，CD为25%，最高的甚至达到50%左右。

（3）价格变动频繁。网络平台销售产品的标价成本远远低于传统产品，这是因为在网络平台改变产品价格时，只需要改变相关的网页和数据库，这使得网络平台产品的价格变动更加频繁。

网络平台的信息更新很快,为了紧跟市场节奏,同时应对竞争对手的变价,企业必须及时调价,以吸引对价格敏感的顾客。

(4)价格透明性强。网络销售的产品都是实时标价的,顾客通过浏览不同网站,可以方便地收集到丰富的产品价格信息,比较和选择的余地更大。对商家而言,价格的透明既可以及时了解竞争对手的价格信息,也有被竞争对手收集到本企业价格信息而针对性降价的风险。

(5)促销和折扣手段多样。由于网络上销售产品的价格对于顾客是透明的,顾客很容易收集到全面的价格信息。为了保持网站的新鲜性和对顾客的吸引力,网络经销商经常推出种类繁多的促销手段和折扣。由于各网站的促销方式和折扣是不同的,在一定程度上降低了价格的可比性,提高了顾客的转换成本,增加了顾客二次购买的可能性。

(6)定价国际化。互联网所面对的是一个全球化的大市场,顾客的分布相对不集中,各国的消费水平不同,因此,企业在定价时应该根据营销目的,考虑国际化的特点来制订相应的价格策略。

2. 网络平台销售产品的定价策略

随着网络销售的兴起,依托互联网,尤其手机App网购平台的发展,加之物流系统发展的日新月异,从数日达、隔日达到一日达,甚至半小时达,大大催生了网络销售的发展。目前国内的网络平台销售的产品包罗万象,从实物产品到数字产品,私人定制产品,等等。根据产品的不同特性,销售方式可以分为以下几类。

(1)实物产品。网络销售平台的兴起为实物产品的销售插上了起飞的翅膀,缩短了实物产品与直接顾客的距离,给买卖双方带来了巨大的便利。同时也在激烈竞争的网络市场中,让产品迭代不断加快。购物方便,加强售后服务是实物产品厂家当下应对市场竞争的有力武器。低价在当前仍然是网络销售吸引顾客的首要手段。其定价策略有以下两种。

①直接低价。此种定价方式适用于在新产品投放市场的初期,以价格打开市场,让越来越的顾客了解新产品,也是市场营销的一部分。另外,网络销售面向全网全国市场,销量大也在降低销售成本,降低价格是必然选择,但是随着新产品进入成熟期,价格策略也需要根据市场营销的需要做适当地调整。

②折扣低价。对于已经有明码标价的产品，可以采取折扣低价的形式。适用于成熟期的市场认知度较高的品牌产品，或者市场知名度较高新产品等，可以用折扣的营销方式增加产品定价的腾挪空间来应对市场的变化。

（2）数字产品。移动支付缩短了商家和顾客达成交易的时间，为数字产品销售带来爆发式的发展。数字产品主要有文化娱乐短视频、网络娱乐平台视频产品点播、网络课程、网络游戏等。数字产品不同于传统实物产品，数字产品的所有成本投入均在产品上线前期，一旦产品上线，后期投入很少，不需要实物产品的人工成本、库房仓储运输及时效性等成本与制约因素。所以数字产品在上线发布后，可以采取多种呈现方式。

①用低价做市场推广。这一点与实物产品相似，区别在于，数字产品的营销等待时间成本较低。

②在产品市场成熟期后，采取个性化收费模式，如会员分级制，添加广告会员免费注册制等。

（3）网络定制产品。网络定制是利用网络互动性，在网站提供产品相应的可选择模块，根据顾客对产品外观、颜色、样式等方面的具体的个性化需求来生产产品。网络定制产品来自顾客和企业的互动，其产生不仅依靠企业，也在一定程度上由顾客引导，是网络产生后营销方式的一种创新。网络定制产品的真正意义在于满足了顾客的个性化需求，提高销售量，减少库存积压。

网络定制产品需要根据顾客的需求制造，但是其成本也会高于标准化的流水线生产。由于订单制满足了顾客的个性化需求，顾客可以接受略高的价格。美国交互客户服装公司向顾客提供牛仔裤网络平台定制服务，顾客通过访问公司定制网站可以看到多种牛仔裤款式，提供腰围、裤长等尺寸要求，再对面料、颜色、外形、拉链等选择，就可以得到特别定制的个性化十足的牛仔裤。这一举动提高了企业的销售额，也大大降低了企业的库存。

网络定制产品也可以低于标准化产品的价格定价，这是因为网络平台定制产品是在接到顾客的订单后开始制造，不存在库存积压问题，减少了风险，降低了企业的制造成本。另外，网络定制是顾客与生产厂家直接交易，绕开中间商，也在一定程度上降低了流通费用。产品成本的降低，使顾客以较低的价格得到个性化产品成为可能。为了扩大市场份额，增强竞争力，企业也会以较低的价格出售网络定制产品。

（4）网络平台拍卖产品。网络平台拍卖是由顾客在网站提供的拍卖平台上对拍卖品公开竞价，在规定的拍卖时间内出价最高者竞得产品。网络平台拍卖是网络平台销售的一个非常活跃的组成部分。普通网民也可借助网络平台拍卖进行商品交易，买卖双方首先要在网站上注册个人信息，卖方委托网站拍卖，提供商品信息（如图片、型号、说明书等）、起始价格、最小加价单位、报价截止时间、交易地点等。网站接收信息后将其发布在网页上，由买方竞相报价，在规定时间内出价高者得到商品。

网络平台拍卖产品的定价可以是一口价的形式，但最多的是由低价开始向上竞价。据统计，网络平台拍卖产品有20%低于竞拍者的预期价格，50%高于竞拍者的预期价格，剩下30%与拍卖者的预期价格相吻合。网络平台拍卖商品的种类繁多，有时尚限量新品，也有二手货、收藏品、积压货品等。卖方目的也不尽相同。在网络平台拍卖商品应根据交易目的估计较合理的底价。例如，以出售新品获取利润为目的时，可以采用成本加成的方法定价；以售清存货为目的时，则可以采用增量成本定价法，以获得满意的收入。

互联网与移动支付给我们带来全新的市场销售模式，定价策略也随着市场变化而不断改变我们对市场的理解，创意的营销方式层出不穷。

关键点提示

当企业为互联网销售产品定价时，应掌握以下内容：
1.互联网销售产品的定价特性；2.传统产品定价策略；3.数字化产品定价策略；4.网络定制产品定价策略；5.网络平台拍卖产品定价策略。

2.44　如何选择提价时机

工作场景描述

当企业想选择恰当的时机提升价格以使企业获得更大利润时，可查看。

解读与分析

产品涨价是消费者、经销商和生产者都不愿看到的事情。企业提价经常要冒着失去部分消费者的风险，但在有些情况下，企业为避免亏损却不得不涨价。要想正确运用提价策略，首先要了解哪些原因会迫使产品涨价，以及企业应如何选择恰当的时机涨价。

1. 涨价的原因

产品价格上涨主要有以下几个原因。

（1）成本增加。产品的成本是影响价格的直接因素，如果原材料价格、运输费或人工费上涨，企业的成本势必会增加，这时企业只有靠提高产品价格来减轻成本上涨的压力。

（2）通货膨胀。宏观经济环境也是影响产品价格的重要因素之一。当通货膨胀时，产品原来的价格就会低于产品价值，这就迫使企业必须通过涨价来弥补通货膨胀造成的损失。

（3）产品供不应求。需求决定价格，价格也会影响需求。当某种产品的市场需求超过生产能力时，企业可以通过提价来缓解需求压力。

（4）行业竞争。在同类产品竞争激烈的情况下，企业要想树立一种高于其他产品的优质品牌形象，就可以通过提价使消费者产生"优质高价"的感觉。

2. 提价的时机

选择恰当的时机为产品提价，是提价策略得以成功的重要因素。

（1）产品领先。如果产品在市场竞争中处于明显的优势地位，消费者对该品牌已经有了一定的忠诚度，这时适当的提价不但不会减少市场份额，而且能够给企业带来更多的利润。

（2）竞争对手产品涨价。在产品差别不大的情况下，如果竞争对手的产品涨价，企业也可以采取相同比例的涨价策略，而不会影响产品在市场中的竞争地位。

（3）通货膨胀。在这种经济形势下，整体物价水平上涨，这时只要产品价格上涨幅度合理，消费者也能够接受。

（4）产品供不应求。对于稀缺的产品，消费者愿意付出高于产品价值的价格，所以在产品供不应求时提价,容易被消费者理解和接受。

只有充分了解引起产品价格上涨的原因,把握有利的时机提高产品价格,企业才能做到既保证盈利水平又不失去顾客。此外,企业还要了解国家相关政策和价格法规,做到依法定价。

关键点提示

1. 产品涨价的原因:

(1)成本增加;(2)通货膨胀;(3)产品供不应求;(4)行业竞争。

2. 产品提价的时机:

(1)产品领先;(2)竞争对手产品涨价;(3)通货膨胀;(4)产品供不应求。

2.45 如何进行提价

工作场景描述

当企业不知道应采取什么方式提价时,可查看。

解读与分析

当企业要为产品提价时,可以选择的策略有很多,除了直接提价外,还有许多间接的提价策略。

1. 直接提高产品价格

这种提价方式通常是企业在通货膨胀时期所采用的。在物价总水平上涨的情况下,通过直接提高产品价格来防止亏损,不会引起消费者太大的不满。此外,当企业要体现产品的价值和独特性时,也可以采取直接提价的方式。

当采用直接提价方式时,要注意提价的幅度不能太大,避免引起消费者的抵触情绪,进而影响产品的销售量。但在通货膨胀严重的情况下,也可适当加大提价幅度,以免物价水平持续上涨而造成利润率下降。

2. 分别计算产品或服务的价格

将产品的价格分解为各个零部件的价格，将服务费用分解为不同项目的费用，通过提高某些零部件或项目的价格，达到总额增加的目的。这种提价方式可以让消费者了解到价格提高的原因，使涨价涨得明明白白，从而避免直接提高产品总价格给企业带来的不利影响。

3. 减少折扣或服务

企业可以通过减少现金折扣和数量折扣的比率来增加营业利润，也可以通过减少一些服务来节省开支，或是将免费服务改为收费服务。这些都是变相的涨价方法。

4. 使用价格自动调整条款

在买卖双方签订的合同中，除了要求购买者按当前价格付款外，还应要求顾客支付交货前由于通货膨胀引起的全部或部分费用。按照合同中的价格自动调整条款，根据某种物价指数计算提高价格。这种方式通常被用于施工期较长的工程，如建筑业。

5. 延缓报价

延缓报价指在签订交易合同时并不确定价格，而是规定在产品完工交货时确定最终价格。这种方式适用于价格水平波动较大、生产周期较长的产业，如工业建筑和重型设备制造业等。

6. 改变产品规格

这是一种比较隐蔽的提价策略，企业通过改变产品规格、提高单位价格的方法来增加总收入。例如，将产品制成小剂量包装，虽然单位质量的产品价格比以前有所提高，但由于量小，价格相对较低，所以消费者不会感觉太贵而难以接受。

7. 采用产品组合提价

将相关产品组合在一起，做成精美的套装形式销售，其价格可以比单种产品的价格之和高出许多。这种策略经常被用在化妆品、食品、礼品等产品的销售上。

总之，企业在提价时要充分考虑成本、竞争和供求等因素，灵活运用各种提价策略，尽量采取间接的提价方式以降低涨价风险。

> **关键点提示**
>
> 常用的提价策略有：
> 1.直接提高产品价格；2.分别计算产品或服务的价格；3.减少折扣或服务；4.使用价格自动调整条款；5.延缓报价；6.改变产品规格；7.采用产品组合提价。

2.46　如何降低顾客对提价的抵触情绪

> **工作场景描述**
>
> 当企业要通过巧妙的策略来降低消费者对提价的抵触情绪时，可查看。

解读与分析

提价是一种具有较高风险的策略，如果方式不当，就会引起消费者的抵触情绪，使购买量减少，企业的提价策略就会失败。这不仅不能带来利润，反而可能会给企业造成危机。以下六点可以让提价策略获得成功。

1. 有正当的提价理由

企业的每一次提价行为都必须有正当的、充分的理由，绝不能随意涨价，更不能趁着危机肆意涨价，那样做只会激起消费者的愤怒，对企业的形象造成不良影响。

2. 提前告知顾客

提价之前，应该事先把提价的信息和原因传达给消费者，让他们有所准备，提前采购以减少提价所带来的冲击。

3. 用数据显示公正

为了表明涨价的公正、合理性，企业可以通过一些简单易懂的数据向消费者解释产品涨价的原因。例如，公开原材料供应商所提供的原材料价格上涨的数字，以此作为提

新产品运营管理常见问题清单

价的有力依据。

4. 尽量采用不引人注目的价格策略

企业的提价行为应尽量不引起消费者的关注，所以应尽量选择间接的提价策略，并且价格上涨的幅度不应太大。

5. 注意竞争对手的价格策略

虽然企业有很好的提价理由和提价时机，但如果大部分竞争对手维持原价，单个企业的提价行为就很难成功。所以，提价前应充分了解竞争对手的价格策略，做到知己知彼，百战不殆。

6. 小幅度多次提价

相对于一次大幅度提价，消费者更能接受有规律的、小幅度多次提价。所以，企业可以将提价目标分几次实现。例如，某企业欲将产品的价格由15元提升至20元，可以先将价格提升至18元，过几个月后再从18元提升至20元，这样就不会使消费者感觉价格变动太大而难以接受。

综上所述，通过一定的技巧减少消费者对提价的不满，从而保证销售量的稳定，是企业提价策略得以成功的关键所在。

关键点提示

降低消费者对提价不满的技巧主要有：

1.有正当的提价理由；2.提前告知顾客；3.用数据显示公正；4.尽量采用不引人注目的价格策略；5.注意竞争对手的价格策略；6.小幅度多次提价。

2.47 如何进行降价

工作场景描述

当企业必须采取适当的方式降价时，可查看。

解读与分析

降价是企业获得市场份额、打击竞争对手最直接和最有效的手段。合理地降价能够给企业带来丰厚的回报，因此，何时降价、采用何种方式降价是企业必须考虑的问题。

1. 降价的时机

（1）当企业生产能力增强，达到规模效益，成本下降时，可以实施降价，扩大市场。

（2）当竞争对手降价时，企业如果不降价就会蒙受损失。这时，企业为了保护市场份额，需要跟进降价。

（3）当产品在其生命周期中处于衰退期，市场供过于求，库存加大时，企业可以降价以售清库存。

（4）当市场出现经济衰退时，企业必须降价来获取市场份额，维持生存。

（5）在市场进入成熟期前，企业可以用降价的方式防止竞争者进入。有些企业作为市场领先者，通常会设置利润警戒线，在利润超过警戒线后就降价，降低潜在进入者的预期盈利，阻止竞争者进入市场。

（6）企业财力雄厚，对市场前景估计比较乐观，可以先降低价格以先夺取市场，后求利润。

2. 降价的方式

（1）直接降价和间接降价。直接降价是指企业直接下调产品的价格。直接降价对价格敏感的消费者有极强的吸引力，能够被消费者迅速感知，也容易引起媒体的关注，市场效果比较显著。竞争对手也会对直接降价比较敏感，容易引起价格战。

间接降价的方法很多，如加大产品包装、派送赠品、给予经销商更多的折扣或佣金等。间接降价的特点是比较隐蔽，不易引起竞争对手的激烈反应，但是对于消费者来说，效果不如直接降价那样明显。

（2）单一产品降价和产品线降价。单一产品降价是指企业选择一种有代表性的产品以强有力的形式降价，用这种产品的降价发挥招徕品的作用，引起消费者的注意，带

新产品运营管理常见问题清单

动整个产品线的销售。

在产品成本整体下降的前提下可以实行产品线降价，此时可以显示企业强大的实力，给竞争对手造成一定的威慑。

（3）防御性降价与进攻性降价。当竞争对手的产品降价，企业产品的市场份额减少时，企业往往会采取防御性降价，以避免失去更多的市场份额。在市场发育初期，比较有实力的企业也会主动进行防御性降价，用规模效益设置成本壁垒，阻止竞争者进入市场。

在市场竞争比较激烈的情况下，某些企业往往采取大幅度进攻性降价，以期在短期内迅速夺取竞争对手的市场份额。

适时、适度地降价可以巩固企业的市场地位，使企业获得更大的发展空间，而一味依靠低价进行竞争只能使企业失去市场竞争力。

关键点提示

降价时企业必须考虑以下两点：

1.降价的时机；2.降价的方式。

2.48　如何避免降价风险

工作场景描述

当企业想消除或降低因降价带来的风险时，可查看。

解读与分析

价格策略的核心是定出有竞争力的价格。降价可能使企业丧失部分潜在的盈利，也可能使企业在市场竞争中丧失主动权。企业在降价之前，必须考虑降价可能带来的风险，并采取各种措施，防范降价带来的负面效应。

1. 降价须考虑的因素

为了预防降价带来的风险，企业在降价之前应该针对产品的需求弹性、企业的生产能力、产品的消费群体做一个综合的考虑。

（1）产品的消费群体。不同消费者对产品降价的反应不同。对于价格敏感者，降价可以有效刺激其购买行为；对于特定品牌的偏好者，降价则不会引起其兴趣，甚至会损害其对产品的印象。

（2）产品的需求弹性。对于需求富有弹性的产品（如彩电、空调等），降价可以使销量上升、利润增加。对于需求缺乏弹性的产品（如米、油等），降价虽然能够刺激需求的增加，但是销售量增长所带来的利润并不能弥补降价的损失。因此，企业在降价时必须首先考虑产品的需求弹性，对于需求缺乏弹性的产品，降价是不可取的。

（3）企业自身的生产能力。需要考虑的问题有：企业是否已经达到规模效益，企业能否以较低的价格长期获得生存和发展的空间，企业的生产能力能否迅速满足降价后增长的市场需求。

2. 降价的风险及应对措施

（1）降价引发价格战，造成行业整体利润率下降。一家企业的首先降价，其他企业纷纷跟进，造成恶性循环，引起整个行业的恶性价格竞争，最终使行业的整体收益水平下降。从长远来看，虽然降价刺激了市场需求，但是行业的盈利水平下降会导致企业没有足够的资金用于开发新产品和提供售后服务，不利于企业的长期发展。

应对措施：苦练内功，努力降低企业产品成本，使产品成本低于行业平均水平，在长期的价格战中生存下去。若价格战使产品利润大幅降低，企业又无法有效降低成本，则可以放弃原有产品，开辟新的产品市场。

（2）降价使企业和产品形象受损。消费者一般都怀有"一分钱，一分货""好货不降价，降价无好货"的心理定式。因此，企业降价时应进行相应的宣传，让消费者明白价格下降的原因，否则顾客有可能对降价原因做出负面的猜测，这就会对企业和产品的形象产生不利的影响。

应对措施：做好公关宣传，向顾客和经销商解释企业降价的原因。

（3）连续降价造成经销商不满和消费者的观望态度。如果经销商在企业降价后购进一定的库存，而企业又一再降价，经销商必然会反感和不满。消费者面对不断下降的产品价格，会盼望其进一步下降，反而抑制了产品的销售。

应对措施：企业降价时必须掌握好频率和幅度，使降价行为既能引起消费者注意，又不至于引起其怀疑，较好的方式是一次性降价10%以上。

降价是吸引消费者、提高市场占有率的有效武器，但是在降价前，必须综合考虑企业内外部各种因素的影响，以减少降价给企业带来的风险。

关键点提示

1. 防范降价风险，企业应首先考虑以下三点：

（1）产品的消费群体；（2）产品的需求弹性；（3）企业自身的生产能力。

2. 降价的风险有：

（1）降价引发价格战，造成行业整体利润率下降；（2）降价使企业和产品形象受损；（3）连续降价造成经销商不满和消费者的观望态度。

2.49 如何进行价格折扣和折让

工作场景描述

当想通过价格折让来促进商品销售时，可查看。

价格折扣和折让策略是指，企业为了促进消费者更多地购买商品或鼓励购买者及早付清货款，根据交易数量、付款方式、交易对象等情况，给予购买者一定比例价格减让的策略。价格折扣和折让策略是企业经常采用的价格竞争手段之一，目前多数企业主要通过以下形式进行价格折扣和折让。

1. 现金折扣策略

现金折扣策略是企业为了鼓励购买者提前付款或支付现金而采取的一种价格策略。如果购买者在合同规定日期之前付款，就可以得到一定比例的现金折扣。例如，在购货合同中经常会出现这样的规定：全部货款必须在30天内付清，如果在10天内付清，卖方将给予买方2%的现金折扣。

现金折扣策略是现代企业普遍采用的一种定价策略，因为这种策略可以帮助企业及时收回货款，加快资金周转速度，减少流动资金的投入和利息支出，从而降低企业的财务风险，保证企业的正常经营运转。

采用现金折扣策略时还要注意折扣率的确定。通常情况下，折扣率应高于银行贷款利息率，否则现金折扣策略不能被购买者接受。但如果折扣额高于企业因加速资金周转而获得的利润，这种策略就不能给企业带来真正的收益。

2. 数量折扣策略

数量折扣策略是企业为刺激消费者一次购买大量商品或者连续购买而采取的一种价格策略。消费者购买的商品数量越多或金额越高，单位商品的价格就越低。数量折扣的具体形式有很多种，包括累计折扣、非累计折扣和分段折扣。

累计折扣是指在一定时期内，消费者购买本企业的商品累计达到一定数量时就可以获得相应的价格折扣。例如，某理发店规定凡一年内在本店消费累计达到100元以上的顾客，可得到总消费额10%的优惠。

非累计折扣是指消费者一次性购买本企业的商品达到规定数量时，就可获得一定的价格折扣。例如，在某商场一次性消费满200元就可以享受8折优惠。

分段折扣是指消费者达到不同的购买量时可以获得不同的价格折扣。例如，购买100元以上的商品可以获得20%的优惠，超过200元可以获得30%的优惠。

3. 交易折扣策略

交易折扣也称为功能折扣，是指生产企业根据各类经销商在产品分销过程中所担负的功能、责任和风险给予其不同的折扣。通常给予批发商的折扣大于零售商的折扣。例如，一件商品的市场价格为100元，生产企业卖给批发商的价格为60元，折扣率为40%；零售商进货的价格为80元，折扣率为20%。

交易折扣实质上是对经销商在商品销售过程中所承担的各种费用和风险的补偿，如果没有交易折扣，经销商就无利可图，产品的销售渠道也会受到影响。

4. 季节折扣策略

季节折扣策略是企业在商品销售的季节为刺激消费者购买而采取的低价格的促销策略。季节折扣策略在我们的生活中经常出现，很多季节性较强的商品如服装、空调等，应季购买价格往往会很高，但在销售淡季价格就会下降很多。此外，许多服务行业的消费也具有季节性，如旅游业、民航业等。

实行季节折扣定价策略，不仅可以使企业减少库存成本，加速资金回笼，而且有利于企业保持均衡生产，充分利用设备资源，避免需求变化带来的风险。

5. 优惠券折扣策略

优惠券是制造商或零售商发给消费者的一种凭证。消费者购买促销品牌的产品，或者在指定的商店购物时，只要提交优惠券，就可以享受到相应面值的折价优惠。

优惠券可以由制造商发放，也可由零售商发放。制造商发放优惠券是为了促进某一品牌产品的销售，所发优惠券可以在各个销售点使用。零售商发放优惠券是为了吸引消费者到本店消费，所发优惠券只能在该零售点使用。

采用优惠券折扣策略避免了直接降价对产品形象造成的损害，同时利用消费者喜欢"占便宜"的心理有效地刺激了消费。这种定价策略在世界各地被越来越多的商家使用。

6. 折扣让价策略

折让是一种特殊形式的折扣策略，它是企业对消费者的一种补偿或津贴。折让的形式多种多样，常见的有回收折让、免费服务折让和促销折让。

回收折让是指消费者可以用同类的旧产品来抵消一部分新产品价格，刺激消费者以旧换新连续购买。这种策略多用于耐用品的销售上，如洗衣机、电冰箱、自行车等。

免费服务折让是指在销售有形产品的同时，向消费者提供免费的服务，如送货上门、安装、维修等。这种策略是海尔电器等许多企业取胜的重要手段。

促销折让是指企业为经销商提供营业推广活动、刊登广告等促销方式，从而调动经销商的积极性，促进产品销售。

价格折扣和折让策略不仅促进了销售，还避免了直接降价可能导致的激烈价格竞争,是一种对买卖双方都有利的定价策略。

> **关键点提示**
>
> 价格折扣和折让策略的主要形式有:
>
> 1.现金折扣策略;2.数量折扣策略;3.交易折扣策略;4.季节折扣策略;5.优惠券折扣策略;6.折扣让价策略。

2.50 如何预测消费者和竞争对手对价格变动的反应

> **工作场景描述**
>
> 当企业要了解变价行为引起的反应,以保证变价策略顺利实施时,可查看。

解读与分析

价格变动后,消费者和竞争对手会有不同的反应。企业调价时,应对此做到心中有数,以便在市场发生变化时掌握一定的主动权,及时进行价格的再调整。

1. 消费者对降价的反应

(1)产品过时,即将更新换代。

(2)产品有瑕疵,销售不畅,企业清理库存。

(3)价格下降,质量必然下降。

(4)价格还可能进一步下跌,先观察一段时间。

(5)这是市场竞争激烈的表现,可以借此得到实惠。

(6)降价机会难得,应迅速购买。

前四种反应对企业不利,但是可以通过一定的营销手段加以控制,将消费者和舆论导向转向对企业有利的一面。

2. 消费者对提价的反应

（1）产品是高品质的代表，信赖感加强。

（2）价格可能继续上涨，应迅速购买，以免买不到。

（3）反感，但还是继续购买该产品。

（4）感到气愤，转而购买替代品。

企业在提价时必须慎重，为了避免出现后两种情况，应尽量采取辅助措施，如向消费者解释提价的原因，提供更多的服务等，以缓解消费者的抵触心理。

3. 竞争对手对降价的反应

（1）无反应。竞争对手认为降价对其市场份额影响不大，若跟随降价弊大于利，因此先观望再做决定。

（2）立即降价，抢占市场份额。当市场对价格比较敏感时，为了争取市场份额，竞争对手往往会马上跟进降价。

（3）价格不变，以非价格手段反击。在比较成熟的市场条件下，消费者更注重产品的价值而不是价格，因此在市场中处于领先地位的企业以非价格手段吸引消费者，有助于进一步提高企业和产品的形象。

（4）多种手段综合应用进行反击。比较有实力的企业可以综合运用价格与非价格的手段，甚至开发出新的产品线进行夹击。例如，当凌志汽车在美国市场上与奔驰汽车竞争时，奔驰并没有降价，而是增加售后服务的种类，延长保修期，并且推出一个廉价新车型作为反击。

4. 竞争对手对提价的反应

（1）跟进提价。在原材料价格上涨或行业平均成本上涨的情况下，主要企业的提价往往会带动整个行业的提价。

（2）维持原价。如果竞争对手害怕提价会降低本企业的市场占有率，就会选择维持原价。这时会对提价企业的市场份额造成很大的损害，甚至迫使提价企业取消提价行为。

（3）降价。竞争对手为了取得市场轰动效应或是实行某种战略，会反其道而行之，进行降价。此时提价，企业容易陷入被动局面，因此企业必须采用各种公关手段，降低提价带来的负面影响。

总之，企业在进行价格变动时应该预先考虑各种可能的反应，最好建立相应的决策程序和预警体系，在市场发生变化时及时作出反应，调整决策，掌握价格主动权。

关键点提示

企业进行价格变动时应预先考虑以下四点：

1.消费者对降价的反应；2.消费者对提价的反应；3.竞争对手对降价的反应；4.竞争对手对提价的反应。

2.51 如何应对价格战

工作场景描述

当企业遭遇价格战，需要采取应对措施时，可查看。

解读与分析

随着市场竞争越来越激烈，很多行业纷纷经历了价格战，甚至更多的行业还将爆发价格战。单纯地降价只能使企业陷入困境。在价格战中如何采取合理的应对措施，保护自身利益，是每家企业都必须面对的问题。

1. 以价格手段应对价格战

（1）率先降价。如果行业内利润水平过高，各企业又无法在价格上达成一致，价格战就在所难免。这时，企业一定要争取由本企业率先降价，发动价格战。消费者和媒体都对价格战比较敏感，率先降价会在消费者认知方面占有很大的优势。先降价的品牌会在消费者心目中造成先入为主的印象，跟进者很难达到这个效果。

（2）尽快跟进。根据经济学理论，在价格战开始后较早跟进者会处于相对有利的地位，分以下两种情况。

①当本企业产品与竞争对手产品相差不大时，除了跟进，别无选择。当发现竞争对

手降价时，应尽快跟进，争取主动权；

②当本企业产品与竞争对手相差较大时，企业有更多的自由去选择非价格方式，以应对价格战。

（3）选择合适的降价幅度和频率。企业在降价时应掌握降价的幅度和频率。降价过于频繁不但不会收到良好的效果，还会造成消费者采取观望态度。若降价幅度过小，则不易引起消费者的注意，无法给市场带来冲击力。一般来说，降价的幅度在10%~30%之间比较合适。

（4）选择降价产品。虽然企业在降价时一般会选择生产能力过剩、库存较多的产品，但实践证明，新产品的降价效果好于老产品。实行降价时，企业若将原有产品做少量改进，同时辅以广告宣传，再大张旗鼓地降价，会取得更好的效果。企业在自身经济实力较弱时，选择的降价商品应避开竞争对手的主打产品，以免遭到竞争对手的回击。

（5）市场领先者避免首先发动价格战。市场领先者的市场份额若处于相对安全地位，就不应率先发动价格战，因为发动价格战所带来的市场份额增加不能抵消利润的减少。在竞争对手降价时，企业应对其进行仔细分析，尽量稳定价格。若竞争对手的降价极大地影响到企业的利益，则应凭借自己的实力还击。

2. 以非价格手段应对价格战

（1）实施产品差异化。企业实行差异化战略，提供与竞争品在功能、型号等方面具有不同特征的产品供消费者选择。企业要扩大产品系列，开发产品功能，以降低价格战给企业带来的风险。

（2）强调品牌效应，维护企业形象。随着经济水平的提高，消费者越来越看重产品的价值，而不仅仅是价格。在其他企业纷纷卷入价格战时，声誉较高的企业可以采取各种营销手段，强调品牌价值，提高产品在消费者心目中的形象。提高价值的方法有公关、提高产品质量、加强售后服务等。

（3）舍弃"鸡肋"产品，开辟新市场。当价格战愈演愈烈时，整个行业的利润水平大幅降低，原有产品无法为企业带来足够的利润，成为企业的"鸡肋"。企业在应对价格战时应有长远的眼光，不断开发新产品，在价格战发生时及时退出，用新产品开辟新的市场。

在不成熟的市场，降价往往是企业首先选择的竞争方法。当价格战在本行业内出现时，企业必须保持冷静的头脑，采取果断的措施，切不可盲目跟进，以免给自身造成不必要的损失。

> **关键点提示**
>
> 1. 以价格手段应对价格战时，企业应该做到以下五点：
> （1）率先降价；（2）尽快跟进；（3）选择合适的降价幅度和频率；（4）选择降价产品；（5）市场领先者避免首先发动价格战。
> 2. 以非价格手段应对价格战时，企业应该做到以下三点：
> （1）实施产品差异化；（2）强调品牌效应，维护企业形象；（3）舍弃"鸡肋"产品，开辟新市场。

第3章
新产品市场推广阶段常见问题

如果我们所做的任何一件事情、管理者所从事的任何一项管理工作都有一个中心议题，那么本章所要阐述的内容"新产品开发的产品管理"就是那个中心议题，也是本书的灵魂。新产品开发所触及的许多具体问题会在本章有一个具体的阐述。无论是进行新产品开发的高层管理者，还是坚守在新产品开发第一线的工作人员，都可以从中得到有益的启示。

3.1 如何突出产品的差异化优势

> 工作场景描述
> 当企业开发的新产品需要体现其特色,提高竞争力时,可查看。

解读与分析

进行新产品的开发,其实就是追求产品的差别化。只有企业生产的产品有满足消费者需求的独特之处,才能赢得长久的竞争优势。那么,究竟应该从哪些方面来体现产品的差别化优势呢?一般来讲,企业应该从产品的形式、特色、性能、一致性、耐用性、可靠性、可维修性、风格和设计等方面加以考虑。

1. 改变产品的形式

产品的形式包括尺寸、形状和实体结构。时下,新产品在开发阶段就已经将产品差异化,俗称"区隔",产品市场定位做得很专业,这也是市场细分的重要表现。如苹果手机的独特造型设计,消费者从外观就可以轻易识别,使得它与其他品牌手机做到区隔。

2. 提供高性能质量

之所以称为性能质量,显然与单纯的质量是有很大区别的。就是说,企业追求高性能质量,并不意味着也要尽最大可能追求高的产品质量。越是高质量的产品,由于价位偏高,有能力购买的人越会相对减少,反而会影响企业的产品销量与利润。一般来讲,性能质量和投资回报之间存在正相关性。高性能质量给企业带来的不仅是高价格,而且能够为企业培养越来越多的忠实顾客,为企业积蓄长久的收入来源。高性能质量并不见得一定比低性能质量的产品付出更高的成本。既然性能质量指的是产品的主要特色在使用中的水平,那么,企业究竟如何发挥产品的特色水平,以及究竟何时才能将产品的特色水平发挥到最好呢?

(1)企业可以不断地改进产品的性能质量,这样做既为企业培养更多的忠实顾客，也为企业带来高收益和高市场份额。

（2）企业可以在较长一段时间内保持产品的性能质量水平，除非产品出现明显的不适应需求的重大缺陷，否则产品的性能质量水平可以一直维持下去。

（3）企业也可以选择一种不太理智的做法，即降低产品的性能质量。一般来讲，企业做出这样的决策，无非为了保持企业的赢利水平，同时抵挡越来越高的生产成本带来的压力，但长期实行这种做法会使企业丢掉产品原有的市场。

3. 提供一致性的质量

如果生产出来的产品与预定的标准相吻合，就可以认为该产品的质量是高的。相反，如果生产出来的产品与预定的标准相差太远，该产品就是劣等品或者是次品。一致性质量高的产品是很受消费者喜爱的，因为这样的产品带给消费者的不仅仅是舒适的享受，更是企业对消费者的承诺兑现，表现了企业对消费者的高度责任心。

4. 提供高水平的耐用性

所谓耐用性，是指一种产品在自然或重压条件下的预期使用寿命，它是产品的重要价值属性。耐用性好的产品对消费者来讲，由于使用年限较长，而且使用起来比其他产品更能令消费者感到物有所值，因此他们愿意为此付出更高的价格。但是，并不是所有的产品只要贴上"耐用"的标签，就一定可以高价出售。例如，计算机等更新换代特别快的高科技产品，不管如何耐用，消费者也不会为此而高价买进。因为一旦需要更新产品，花高价买进的"耐用品"就成为"鸡肋"了。

5. 提供高可靠度

所谓可靠性，指的是在一定使用期限内产品保持良好状态的可能性。高可靠度可以为企业赢得好的声誉，而且可靠度高的产品可以定位于高端市场，给企业带来更多的利润。

6. 提供相对容易的可维修性

对消费者来讲，他们更乐于购买容易修理的产品，甚至希望购买那些自己动手就能修复的产品。如果产品的修复总是没完没了地给消费者增添麻烦，在消费者的下一次购买计划中，就不会再将该产品列入选择范围。对企业来讲，总是不断处理产品的维修问题也是很浪费人力和物力的事情。因此，有的企业在产品的可维修性上花了很多心思，即便不能够总是生产那些由消费者自己都能解决维修问题的产品，也会尽量降低对产品维修的难度。有的企业安排了24小时电话维修服务，只要产品一出现问题，消费者马上就可以打电话求助企业，由专门守候在电话机旁的工作人员告诉消费者如何维修。电话维修服务既节约费用，又可以在消费者心目中留下企业"服务态度佳"的印象。

7. 增添产品的特色

能够率先推出有价值的特色产品，将会成为企业在竞争中获胜的筹码。

（1）企业应该识别和选择适当的特色。企业应该访问目前企业产品的使用者，了解他们对企业产品的感受，征询他们对新产品的特色要求以及对每一种特色产品的价格要求，询问他们对其他消费者提出的有关产品特色的改进意见是否合理，征求他们如果从消费者的角度而不是从个人的需求出发对产品特色的要求等。

（2）企业应该估算每一种特色优势的价值，选择那些价值成本比相对较高的特色优势。除了从价值成本比上考虑每一种特色优势的价值外，企业还应该从消费者需求量以及该特色的维持时间等方面来考虑特色价值。

（3）企业应该考虑新产品的特色组成和包装条件。例如，汽车公司如果决定为顾客定制产品，就必须相应地付出非标准化引起的高成本的代价。如果该公司追求的是低成本的竞争策略，就可以使产品实现标准化生产。

8. 创立别样的风格

风格的优势在于创造了与众不同的一面。消费者通常愿意购买具有别样风格的产品，以显示自己的高品位。例如，堪称经典的大众旗下的"甲壳虫"汽车，就是凭借着独具风格的"甲壳虫"外形深受消费者的青睐。但追求别样的风格不能与其他的差异性因素相冲突。例如，不能因为风格而影响了产品的质量或是维修性等，绝大多数消费者都不会购买好看但不好用的产品。

9. 提供高的设计水平

随着市场竞争的加剧，产品的设计能够为企业提供一种强有力的手段，增强产品的差别化效果。设计的好坏对耐用品的影响最大。设计者必须确定在产品的形式、性能质量、一致性质量、可靠性、可维修性、特色、风格等方面的设计投资份额。对企业来讲，设计良好的产品比较容易生产和分销；从消费者的角度来说，设计良好的产品看上去是令人愉悦的，方便使用，而且是易于修理的。因此，设计产品必须兼顾企业和消费者两方面要求加以考虑。

综上所述，要实现新产品的差别化生产，对企业来讲并不是一件轻松的事情。企业一定要全面考虑差别化所涉及的各个方面。

关键点提示

了解并满足客户需求的方法有以下九点：

1.改变产品的形式；2.提供高的性能质量；3.提供一致性的质量；4.提供高水平的耐用性；5.提供高的可靠度；6.提供相对容易的可维修性；7.增添产品的特色；8.创立别样的风格；9.提供高水平设计。

3.2 如何制订产品生命周期战略

工作场景描述

当企业为了制订随产品不同生命周期而变化的产品策略时，可查看。

 解读与分析

产品的生命周期分为以下四个阶段。

1. 导入阶段

处于这一阶段的产品，其显著的特点是销售增长极其缓慢。

此时的产品刚刚进入市场，企业为宣传产品所支付的相关费用是相当大的，因此，这一阶段的产品几乎不能给企业带来大的利润，甚至是没有利润的。

2. 成长阶段

处于这一阶段的产品，已经度过了艰难的导入时期，能够被市场迅速接受，也将为企业带来丰厚的利润。

3. 成熟阶段

此时的产品已经被大量的消费者接受，因此，产品的销售增长情况又趋于缓慢。这一阶段企业的利润要么稳定，要么呈现下降的趋势。为了应付竞争者的威胁，维持本企业产品的市场地位，企业需要花费大量的营销费用。

4. 衰退阶段

处于这一阶段的产品，其显著特点是销量下降的趋势开始加速，利润也不断下滑。

产品的生命周期可以用来分析一个产品的种类、一种产品的形式、一种品牌或者产品。不同类别的产品划分形式，其生命周期也呈现出不一样的特点，具体分析如下。

（1）产品种类。具有最长的生命周期。许多产品的种类与人口的变化规律高度相关，因此，它们的销售时间在成熟阶段可以看成无限期的。

（2）产品的形式。比起产品的种类来，产品的形式更能够体现产品的生命周期。例如，手写的打字机就经过了导入阶段、成长阶段、成熟阶段和衰退阶段。

（3）产品。遵循着标准的产品生命周期形式，或者表现为其他形式。

（4）品牌。显示了最短的产品生命周期，但有的品牌也是经久不衰的，如中国的百年"张裕"。这些老品牌可以用来命名新的产品。

产品的生命周期除了有以上比较标准的表现形态外，还具有以下一些非常规的表现形式。

（1）成长—衰退—成熟。例如，电动刀具刚刚导入市场时，销售量迅速上升，然后就稳定或者停止在该水平。后期采购者的首次购买以及早期采购者的更换产品，都使得产品的销量在这一停滞阶段维持下来。

（2）循环—再循环。这种生命周期的形态常常用来描述新的药品的销售情况。例如，制药企业在推出新药的时候，由于积极进行推销和宣传，产品的销售情况呈现出第一个周期波动。由于衰退阶段产品销量的下降，企业又发动了第二次促销热潮，这就产生了产品的第二个生命周期。但这一次的规模和持续时期都会低于第一次的波动程度。

（3）扇形的周期波动。这种生命周期的波动通常是因为发现了原来产品的新用途。例如电的发明，一开始就只是为了解决照明问题，但后来又产生更多的新用途，如美化环境、充当提示危险的闪烁标志等。每一个新用途的发现，都会使产品生命周期呈现一次不完整的波动趋势。随着人们对其产品用途越来越多的发现，产品的生命周期也

新产品运营管理常见问题清单

呈现出一浪高过一浪的扇形波动。

一般来讲,产品的生命周期涉及以下四个问题。

(1)任何产品都有一个有限的生命,因此从相对较短的时间来看,都有生命周期的问题。

(2)产品要经过不同的市场阶段,每一个阶段都对企业的产品管理人员和销售人员提出不同的销售策略要求。

(3)在产品生命周期的不同阶段,产品的销售额和利润各不相同。

(4)在产品生命周期的不同阶段,企业应该在营销、财务以及人力资源等方面采取相应的策略。

综上所述,企业清楚了产品的生命周期理论,就可以确定新产品开发各个阶段的策略。

关键点提示

产品的生命周期分以下四个阶段:

1.导入阶段;2.成长阶段;3.成熟阶段;4.衰退阶段。

3.3 如何制订各个阶段的营销战略

工作场景描述

当新产品开始进入市场,企业需要制订各个阶段的营销战略时,可查看。

解读与分析

在新产品的不同发展阶段,企业应该采取不同的营销策略,具体表现在如下方面。

1. 导入阶段

在市场导入阶段,新产品的基本特点是销售量和利润都很少,企业有可能承担亏本的风险。同时,企业还要拨出大量的经费用于营销支出。一般来讲,企业所做的营销努力，是为了达到以下目的。

（1）将新产品告知目标消费者。

（2）引导消费者试用新产品。

（3）使新产品通过各个零售网点传向市场终端。

或者是因为企业初期投入的成本较高，或者是高额的营销费用所致，在这一阶段，产品价格都相对较高。因此，产品的主要销售对象是那些最为迫切的购买者，也就是高收入阶层。在具体制订价格策略时，企业负责新产品开发的管理人员可以参考如下策略。

（1）快速撇脂的价格策略。就是以高价格和高促销来推出新产品。这种策略的前提是：

①潜在市场的大部分人还没有注意到该新产品；

②那些知道该新产品的人渴望得到该新产品并且有能力购买；

③企业面临潜在的竞争；

④企业力图建立起品牌的偏好。

（2）缓慢撇脂的价格策略。就是以高价格结合低促销的方式来推出新产品。这种策略的前提是：

①市场规模有限；

②大多数的消费者已经知道了该新产品；

③消费者仍然愿意出高价来买该新产品；

④潜在的竞争并没有表现出很大的威胁性。

（3）快速渗透的价格策略。就是以低价格结合高促销的方式来推出新产品。这种策略的前提是：

①市场是强大的；

②目标市场对该新产品一无所知；

③大多数的消费者对价格很敏感；

④潜在的竞争很激烈；

⑤随着企业生产规模的扩大和制造经验的积累，产品的单位生产成本下降。

（4）缓慢渗透的价格策略。就是以低价格结合低促销的方式来推出新产品。这种策略的前提是：

①市场是强大的；

②市场上该新产品的知名度比较高；

③市场对价格的敏感度相当高；

④市场上存在一些潜在的竞争。

2. 成长阶段

在成长阶段，其显著的标志是新产品的销量快速增长。那些早期的购买者开始喜欢上该新产品，其他的消费者也开始追随这些率先的使用者。在这一阶段，由于促销成本已被产品的销售额弥补回来了，而且随着生产经验的增加，单位产品的生产成本迅速下降，企业的利润也和销售额一样迅速增加。在产品的成长阶段，企业为了尽可能维持市场的成长而采取如下的战略。

（1）进入新的细分市场。

（2）进入新的分销渠道。

（3）提高新产品的质量。

（4）增加新产品的特色。

（5）增加新产品的式样。

（6）增加侧翼产品。

（7）培养忠诚型顾客。

（8）降低新产品的价格。

企业在这一阶段还面临一个问题，即到底是选择高市场份额，还是选择当前的高利润呢？企业如果选择高市场份额，则需相应地将大量的资金用在改进产品、增加促销活动和扩展分销网络上；如果企业为了追求高利润而采取一些激进的措施，就可能要承担将来失去相当大的市场份额的风险。

3. 成熟阶段

在这一阶段，产品的销售增长率会放慢步伐。由于竞争者更为频繁地使用降价的方法来销售，因此企业面临更大的竞争压力。企业可以通过以下的营销策略来提高产品的销售额和利润。

（1）扩大市场。影响销售量的因素有两个：一是消费者的使用率，一是消费者的数量。提高消费者使用率的办法有以下三种。

①努力使消费者更频繁地使用该产品。例如，在推销一种新牛奶时，可以强调牛奶对人的益处不只体现在早餐的时候，睡觉之前喝一杯对改善睡眠质量也很有效。

②努力使消费者在每次使用该产品时增加使用量。例如，推销某种洗发水，可以说服消费者冲洗两次比一次有效得多。

③努力发现该产品更多的新用途，并且说服消费者相信该产品还具有更多的新用途。例如，方便面的生产商可以在产品使用说明书上说明该产品的多种吃法，使消费者增加对该产品新用途的认识。

提高消费者数量的方法有以下三种。

①新的用户。例如，可以通过宣传乘坐火车的快速和安稳，说服一部分乘坐汽车的用户改乘火车。

②进入新的细分市场。例如，可以将婴儿用的洗衣粉推销到老年人使用的市场上。

③努力争取竞争对手的消费者。例如，统一方便面以其牛肉量大的特色吸引了许多康师傅方便面的消费者。

（2）改进产品。改进产品可以从以下三个方面来努力。

①改进产品的质量。目标是增加产品的功能特性，即从产品的耐用性、可靠性、速度、口味等方面努力。例如，有的企业为自己的产品打上"不求最好，但求更好"的标语，就是在向消费者宣传该企业产品功能特性的改进。

②改进产品的特点。就是更为注重产品的新特点，扩大产品的多功能性、安全性或者便利性。例如，最初人们买新牙膏的时候，通常都会觉得用剪刀剪开牙膏封口是很麻烦的事。于是就有人想到在牙膏盖的后背装上尖形的开启物，这样消费者在使用牙膏的时候，只需要将尖形物对准牙膏的封口轻轻地旋转即可开启。

③改进式样。目的是增加产品的美感。例如，某些网页过一段时间就会更新一次色彩和版面安排，目的就是增加美感，吸引更多的客户点击、浏览。

（3）改进营销组合。新产品开发的管理人员也可以通过改进营销组合来刺激产品的销售。

①价格的改变。企业可以考虑削价、特价销售产品的方式，也可以采取对抢先购买者折扣或者折让的方式。

②分销方式的改变。企业可以考虑进入新的分销渠道和较多的销售网点。例如，企业可以设法进入一些极具知名度的量贩店来提升销量。

③调整销售队伍。企业可以适当增加或者删减营销人员的数量，也可以对营销人员加强培训，还可以改变奖惩方式。对销售区域的重新划分，可以起到调整销售规模的作用。

④加强服务效果。企业可以加快交货速度，或者为消费者提供更好的技术援助。

⑤在广告上下功夫。企业可以通过增加广告费用来加强宣传效果，也可以改变广告的播出时间、顺序及频率。

4. 衰退阶段

技术的进步、消费者口味的变化以及国内外竞争的加剧，都会使企业产品的销售和利润减退。在这一阶段，企业面临着要么把产品的所有利润挤干，要么放弃产品的抉择。如果企业决定收回产品的所有利润，就要很小心地减少对产品的投资和逐渐削减营销规模。之所以说要很小心，是因为如果消费者、供应商以及竞争者知道了企业的用心，企业就很难在预定的时间内达到原定的利润目标。如果企业决定放弃该产品，可以通过加强企业业务的吸引力来迅速为产品业务找一个买主。一般来讲，对处于衰退阶段的产品业务，企业可以采取以下营销策略。

①增加企业的业务投资。通过这种方式，可以使企业处于一个有利的竞争地位，并且能够支配其他竞争者。

②保持企业的投资水平。这种策略是在企业对不确定因素妥善解决的情况下采用的。

③迅速获利。也就是企业大胆地、不顾后果地从企业的投资中获取暴利，以便迅速回笼资金。

④有选择地降低投资。企业可以有选择地降低投资的水平，加强对有利可图的消费者需求领域的投资，同时敢于抛弃无希望的消费者需求领域。

⑤放弃业务。企业可以尽可能地利用有利的方式来处理资产，并尽快放弃该业务。

综上所述，企业在产品生命周期的不同阶段都会面临不同的营销选择，所以要慎重考虑每一种策略，进行最合理的选择与规划。

关键点提示

产品各个不同周期阶段的营销策略有以下四点：

1.导入阶段的营销策略；2.成长阶段的营销策略；3.成熟阶段的营销策略；4.衰退阶段的营销策略。

3.4 如何分析影响销售渠道的原因

工作场景描述

当企业要对销售渠道进行设计和选择时，可查看。

解读与分析

对销售渠道的管理，首先涉及的就是找出哪些因素会影响销售渠道。一般来讲，分析影响企业销售渠道的因素可以从以下方面来进行。

1. 产品因素

因为企业针对的是不同的产品，所以会选择不同的销售渠道。

（1）产品的价格不同，其销售渠道也会不同。一般来讲，价格高的产品，销售渠道会较窄、较短一些。如果产品的价格较低，其销售渠道则会较宽、较长一些。

例如，生产日用品的企业常常通过批发商—零售商—消费者三个环节销售，那些生产高级服装的企业则会选择将产品交给专卖店的方式直接出售给消费者。

（2）产品的款式不同，销售渠道也相应地不同。一般来讲，那些款式、花色多变且较时尚的产品，就应该选择较短的销售渠道，如妇女的时装。那些款式不易变化的产品，应该选择较长的销售渠道。

（3）产品的体积、重量不同，销售渠道也不同。一般来讲，体积较小、重量较轻的产品运输和储存费用较小，可以选择较长、较宽的销售渠道。比较笨重的、大件的产品，由于运输和存储的困难，费用又会高一些，所以应该选择较短和较窄的销售渠道。

（4）根据产品的技术复杂程度，选择不同的销售渠道。一般来讲，技术复杂程度越高，对售前、售后服务的要求也会越多，宜选择较短的销售渠道，如IT产品；反之，对于技术复杂程度相对较低的产品，企业则可以选择较长的销售渠道。

（5）根据产品的物理和化学特性，选择不同的销售渠道。一般来讲，对于容易毁坏和腐烂的产品，为了避免多次转手和反复搬运而造成损失，企业应该选择较短的销售渠道，如玻璃。对于有着较强韧性的产品，企业可以选择较长的销售渠道，如轮胎。

（6）根据产品的标准化程度，选择不同的销售渠道。一般来讲，产品的标准化程度越高，其通用性也会较强，可以选择较长和较宽的销售渠道。对非标准化的产品，应该选择较短和较窄的销售渠道。

2. 市场因素

市场情况不同，其销售渠道也相应地有所不同。

（1）根据消费者的集中程度，选择不同的销售渠道。如果消费者较为集中，宜选择较短和较窄的销售渠道。如果消费者较为分散，宜选择较长和较宽的销售渠道。

（2）根据消费者的购买量和购买频率，选择不同的销售渠道。一般来讲，对于购买量较少、购买频率较高的产品，宜选择较长和较宽的销售渠道。对于那些购买量较多、购买频率较低的产品，宜选择较短和较窄的销售渠道。

（3）根据市场区域范围的大小，选择不同的销售渠道。一般来讲，市场范围较大，应该选择较长和较宽的销售渠道。比如，产品若在全国范围内销售或者需要出口，则要通过批发商、代理商等众多的中间商销售。如果产品的销售范围相当小，如只在区域市场上销售，宜选择较短和较窄的销售渠道。

3. 企业自身的因素

根据企业的能力和水平，应该选择不同的销售渠道。

（1）根据企业的实力，选择不同的销售渠道。如果企业的实力较强，可以自由地选择各类中间商,甚至建立自己的销售网络直接销售,就是说企业可以选择较短的销售渠道。相反,如果企业的实力较弱,就应该选择较长的销售渠道。例如,一些不具知名度的小企业,必须依靠一些较具知名度的中间商进行产品的销售。

(2)根据企业对渠道的控制能力,选择不同的销售渠道。如果企业具有较强的控制能力,能够有效地控制销售渠道,就可以选择较短的销售渠道。相反,如果企业不希望将过多的精力放在控制渠道上,则可以选择较长的销售渠道。

(3)根据企业的销售实力,选择不同的销售渠道。如果企业有足够的销售力量,或者有丰富的产品销售经验,就可以少用或者不用中间商,即选择较短的销售渠道。相反,如果企业自身的销售能力薄弱,或者缺乏产品销售经验,就要依靠中间商来销售产品,即选择较长的销售渠道。

(4)根据企业的服务能力,选择不同的销售渠道。如果企业具有较强的服务能力,能够为终端客户提供较多的服务,就可以选择较短的销售渠道。如果企业的服务能力较差,就需要借助其他企业的服务来增强本企业的服务能力,应该相应地选择较长的销售渠道。

综上所述,企业在选择销售渠道时,一定要综合考虑各种影响因素。此外,企业的营销意图、国家的法律约束等因素,对企业销售渠道的选择也有着一定的影响。

关键点提示

影响企业选择销售渠道的因素有以下三点:

1.产品因素;2.市场因素;3.企业自身的因素。

3.5 如何进行销售渠道的设计

工作场景描述

当企业选定销售渠道后开始设计渠道时,可查看。

解读与分析

中国地域辽阔,各地经济发展水平、消费形态、生活习惯、文化观念等都存在很大差异,反映在市场销售渠道设计方案上,就会发现每个企业都无法用一套同样的方案来运作全国市场;反映在行业中,即便某个行业的市场竞争呈现白热化,但仍有不少企业在另一个层面上有着很好的发展空间。所以,销售渠道设计要在充分进行市场调研之后,基于本行业特定产品特点、属性做针对性的研究与设计。

一般来讲,销售渠道的设计主要包括线上和线下两大方面。线上方面,主要以网络平台为中心做网络销售渠道的布局与设计;线下方面,是以传统销售渠道为中心,在基于当下市场环境实际情况创新销售渠道设计,以个性化与实用化为原则。

1. 线上网络平台

网络平台为企业和产品直接面向顾客提供了有利条件,同时也缩短了企业与目标顾客的距离。更有利于企业第一时间了解目标顾客的需求数据。

(1)线上开旗舰店,借助网络平台放大销售口径。线上开旗舰店,将充分利用网络平台的迅捷、便利的特点。但是,网络平台的选择则是网络销售渠道设计的关键,一般网络平台销售渠道要从目标客户群特点、平台真实流量监控、特定产品的平台响应度等方面进行全面地了解。另外,企业还要深入了解网络电商平台的生态,最终建立起以旗舰店为中心,不同级别电商相配合的销售体系,以促进销售渠道开发最优化,效益最大化。

(2)营造顾客有更快捷、更实惠的购买体验。通过对不同顾客群需求的了解,企业可以有针对性地对新产品的结构进行优化,比如生产纸箱的企业,可以根据顾客的需求,将纸箱分成不同规格,由顾客根据需要任意搭配、选择,甚至在纸箱颜色、配送时间等个性化需求方面做深入研究,这样做必然大大增强顾客更快捷、更实惠的购买体验。

2. 线下传统渠道

(1)根据企业自身的目标正确选择中间商。这个问题涉及选择什么样的销售渠道,也就是选择直接的销售渠道还是间接的销售渠道。一般来讲,企业在选择中间商时主要考虑以下几个方面。

①企业的销售业绩。就是企业的销售额。企业选择的中间商要能够保证企业至少获得保本的销售额。

②企业的经济效果。就是企业的利润额。对企业来讲，好的销售渠道一定能够使企业获得尽可能多的利润。

虽然任何一个企业都希望在维持好的销售业绩时，获得良好的经济效益，但是企业的销售业绩和经济效果并非总是一致的。企业究竟应该注重销售业绩还是经济效益，应该视具体的背销战略而定。不管企业看中的是销售业绩，还是经济效益，企业都应该选择一个畅通的销售渠道来保证企业目标的实现。例如，某企业以获得最大的经济效益为目标，生产出来的产品要运往外地销售，可以从以下的销售渠道中任选一种。

①在当地找一个批发商，将产品运往目标市场进行销售；

②在目标市场开设一个销售点，专门用来销售企业的新产品；

③在目标市场选择几个特约经销商，将产品直接销售出去。

企业可以对以上三种方案进行模拟操作，或者进行假设分析，如果其中的某一种方案能够使企业获得最大的经济效果，那种方案就是企业的最佳选择。

（2）如何确定中间商的数量。确定中间商的数量，实际上是确定销售渠道的宽度。企业可以通过以下几种方式来选择不同数量的中间商。

①独家的分销商。指的是企业在一定地区、一定时间内只选择一家经销商或者代理商销售产品。如果企业选定的是独家分销商，那么企业在与其签订的协议中就应该声明，该独家分销商不得经营其他竞争对手的产品，同时企业也不得在该市场上向其他中间商供应其产品。独家分销是最窄的销售渠道，一般适用于高档的消费品和工业用品。独家分销具有以下几方面的优势：

◆加强企业对销售情况的控制与了解，从而牢牢地控制市场；

◆有利于企业塑造产品的良好形象；

◆加强企业的竞争力，排斥新的竞争产品。

独家分销的不足体现在：

◆产品的市场覆盖面较窄；

新产品运营管理常见问题清单

◆企业只选择一个中间商进行产品的销售，风险较大，如果该分销商经营不善的话，企业就有可能失去该地区的全部市场。

②有选择地确定中间商。指的是企业在同一目标市场上，依据一定的条件和标准，选择多家中间商来经销企业的产品。企业选择这种方式来销售产品，其目的是维护企业及其产品的形象，建立并且巩固产品的市场地位。这种方式可以降低企业的经营风险，有效弥补独家经销的不足。这种方式一般适用于消费品中的选购品和特殊品以及工业品中的零配件。

③"撒网式"地选择中间商。所谓"撒网式"地选择中间商，指的是企业在某一市场内尽量多地使用中间商来销售企业的产品。企业采用这种方式销售产品，可以加宽企业的销售渠道，扩大产品的市场覆盖面，加快企业进入市场的速度，使消费者能够尽可能快地买到产品。这种"撒网式"的选择中间商的方式，适用于那些价格低、购买频率高的日用消费品以及工业品中的标准件、原材料等。这种方式的缺陷在于：

◆中间商的数目太多，企业难以对整体进行有效调控；

◆中间商经营产品的积极性不是很高；

◆企业的营销费用高。

（3）如何考察中间商的销售能力。如果企业在选择中间商的过程中，不注重中间商的销售能力，将会直接影响产品的销售成果以及企业的经济效益。一般来讲，对中间商销售能力的考核应该考虑以下几种因素。

①中间商的服务对象。中间商的服务对象与企业的目标市场应该一致，也就是说，企业所选择的中间商一定要与企业的销路对口，这是最基本的销售条件。

②中间商的管理能力。如果企业所选的中间商销售能力强，能够将诸多的销售事宜有条不紊地妥当安排，那么这样的中间商就是值得企业信赖的。

③中间商的财务状况。如果中间商的财务状况较好，则意味着其能够如期结清销售货款。企业甚至可以预收一部分货款，解决财务困难。如果企业选定的中间商的财务状况并不太好，就难免常常出现拖欠货款的情况，这样就会阻碍企业资金的正常流动，影响企业的扩大再生产。

④中间商提供服务的能力。有些产品在销售过程中，需要卖方能够为消费者提供技

术的指导；有些产品在销售完之后，也经常要求企业能够提供良好的售后服务。因此企业在选择中间商的时候，就要考虑其是否具有良好的服务功能。

⑤中间商所在的地理位置。就是说企业应该选择那些处在消费者流量大的地区的零售商以及那些拥有较好的交通条件和仓储条件的批发商。一般来讲，企业不宜选择销售竞争对手产品的中间商。但如果企业的产品与竞争者的产品相比，具有明显的优势，并且定价也并不比竞争对手的产品高太多，也可以适当地选择一些经营竞争对手产品的中间商。

⑥中间商的促销能力。企业要考虑所选的中间商是否具有很强的促销能力，或者是否能够并且愿意承担部分促销费用。一般来讲，独家的中间商会负责部分的广告活动，或者会与企业合作共同负担促销活动费用。

⑦中间商的运输和存储条件。中间商具有便利的运输和存储条件对生产某些产品的企业也是相当重要的，因此也成为企业选择中间商的一个重要条件。例如生产保鲜食品的企业就应该考虑所选择的中间商是否拥有专门的运输设备和合格的仓储条件。

综上所述，企业在设计销售渠道的过程中，应该按照以上几个步骤进行，并最终确定最适合企业分销要求的经销商。

关键点提示

企业对销售渠道进行设计时，要清楚以下两个问题：
1.线上网络平台；2.线下传统渠道。

3.6　如何选择渠道的结构

工作场景描述

当企业要对渠道的结构进行选择时，可查看。

解读与分析

所谓销售渠道的结构,指的是企业选择怎样的方式销售,是选择直接式渠道结构,还是间接式渠道结构,或者兼而有之。渠道的选择牵涉企业的精力和利润的分配。从企业的角度来看,理想的渠道会高质量地完成所有的工作,并应付所有需求的不确定性。从渠道的角度来看,这种理想的情况正好相反。因此,渠道的选择意味着一方的妥协(要么是企业,要么是中间商),势力强大的一方将会得到利润中较多的一部分。渠道的选择还牵涉到对产品形象的影响。也就是说,高质量的渠道能够增强产品的吸引力,质量低劣的渠道则有可能降低产品的价值。具体说到如何选择不同结构的渠道之前,先来了解一下渠道的成员可以为企业提供哪些服务。

(1)帮助企业从事营销调研,收集并且规划那些能更好满足消费者需求的信息。

(2)使产品或者服务符合特定的消费者的需求。

(3)找出那些潜在的消费者并且与他们接触。

(4)开发并且进行与产品或者服务有关的沟通。

(5)与消费者达成关于价格和其他交易条件的协议。

(6)开展物流服务,负责产品的运输和储存货物。

(7)为产品的销售提供资金或者是信用担保,以方便交易。

(8)开发和执行与消费者持久的关系,包括负责维护和修理在内的产品售后服务。

(9)能够承担起企业将产品或者是服务送到消费者手中这一过程中的相关风险。

那么,企业究竟怎样选择渠道,才能最大地发挥渠道服务的功能呢?

1. 直接式的销售渠道结构

一般来讲,在以下的情况下,运用直接式的销售渠道结构比较有优势。

(1)渠道结构对技术要求很高时。

(2)当产品为消费者接受的程度很高时。

(3)当产品的质量担保很重要时。

(4)当产品需要大批量订购时。

(5)当产品的运输和储存都很复杂时。

不过，由于直接式的销售渠道结构可以减少许多中间环节，往往会给企业造成能够节约大量的营销费用甚至降低产品价格的假象。实际上，由于企业完全通过自身的力量来完成销售过程，如按照产品的数量和品种对客户的需求进行分类，为客户提供服务和其他的便利功能以及与终端用户交流等，加上企业自身的营销成本，产品的价格未必能够降低。

2. 间接式的销售渠道结构

企业可以选择的间接渠道方式有以下三种。

（1）销售代表或者代理人。这种渠道的特点是：经营者销售产品或者服务，但是不保留任何存货，只是把订单交给企业。

（2）批发商或者经纪人。这种渠道的特点是：经营者买进产品，并且把产品转售给零售商。

（3）零售商。这种渠道的特点是，经营者买进产品，并且把产品转售给消费者。

一般来讲，在以下情况下，运用间接式的销售渠道结构比较有优势。

（1）当需求方需要一次性购齐产品时。

（2）当产品的可得到性很重要时。

（3）当产品的售后服务很重要时。

3. 混合式的销售渠道结构

混合式的销售渠道结构指的是企业运用直接式渠道结构和间接式渠道结构相结合的渠道结构。负责新产品开发的管理人员进行新产品的销售管理时，往往不只是选择单一的渠道结构，而是综合选择多种渠道结构。例如，对一些大客户可以进行直接销售，对于一些小客户则可以通过批发商来销售。管理混合式销售渠道结构的步骤如下。

（1）确定目标客户并且细分市场。可以按照客户的数量大小、所处的地理位置及所购买的产品、购买行为或者需求来确定目标客户。

（2）确定在向这些细分市场销售产品时需要执行的任务或者功能。这些任务包括引导消费、销售前景的认证、售前准备、完成销售任务、售后服务以及客户管理等。

（3）为这些任务配备最好的渠道工具。厘清各种不同的渠道，如全国的客户管理、直销、电话推销、直邮、零售商店、分销商、经销商、电商平台等，综合使用各种渠道，以最低的成本和最高的覆盖率完成他们对各客户细分市场所承担的任务。

使用混合渠道的好处在于：可以在维持成本效率的同时，增加产品在市场上的覆盖程度。

如何对渠道结构做出合理有效的选择，一般来讲，依据以下三种判断标准。

（1）渠道的最终获利程度。这一点可以通过直接式和间接式渠道结构各自的有利情况做出判断。

（2）消费者的忠诚度。在有些情况下，消费者对渠道成员的忠诚度远远超过对企业的忠诚度。例如，有的消费者只到某知名的超市购买产品。但这样一来，如果企业与渠道成员产生矛盾，导致渠道拒绝再经营该企业的产品时，就会给企业的产品销售带来很大的困难。

（3）渠道成员的投入程度。新产品的管理人员可以通过很多方式提高渠道成员的投入程度。

①当渠道成员同时负责经销不同种类的产品时，企业必须提供给渠道人员一份比较详细的计划，帮助其运用销售策略。

②帮助渠道成员提高其利润，从而增强其投入的程度。

③给予渠道成员在某一地区分销或者销售企业产品的特许权。

④开展培训计划、合作广告计划以取得营销渠道的支持，从而提高渠道的参与程度。

4. 渠道成员是否会对企业的产品构成竞争威胁

一般来讲，渠道成员只是企业和消费者之间的中介，但也存在渠道成员最终变成企业竞争者的情况。例如，有的量贩店开始打自己的品牌与生产厂商竞争。

5. 信息技术的发展程度

网络平台销售渠道经过多年的发展，已经成为各大企业销售渠道的必选项，一个良性优化的销售渠道必然是线上网络平台渠道与线下实体店的结合，它们互为补充，既可以增强销售渠道的深度和广度，又可以增强顾客的购物体验。

综上所述，企业渠道结构的选择，必须首先决定是选择直接和消费者接触的方式，还是间接和消费者接触的方式。其次，还要选择具体的渠道结构来完成产品的销售。

> **关键点提示**
>
> 销售渠道的结构有以下三种：
> 1.直接式的销售渠道结构；2.间接式的销售渠道结构；3.混合式的销售渠道结构。

3.7 如何利用新的渠道

> **工作场景描述**
> 当企业需要对渠道进行新的选择时，可查看。

解读与分析

网络平台渠道与线下传统渠道的完美结合，是现代企业实现销售渠道最优化的必然选择。网络平台渠道发展已经非常成熟，很多企业已经建立起线上线下成熟的销售渠道。那么，企业应该如何使用网络平台渠道呢？

1.企业通过网络平台发布新产品信息

发布新产品信息，目前有两种形式：一种是网络预售，企业将新产品用预售的方式在网络上发布，顾客用一定的优惠折扣获得新产品的预订资格，企业通过预售了解目标消费者对新产品的接受度和初步销售数据，而且可以做到市场预热，达到市场宣传目的；一种是新产品上市发布，利用网络的爆炸式传播效果达到市场宣传与短时间获得较好销售数据的目标。

2.网络平台已经成为企业销售主要渠道

目前国内拥有发达的物流系统，进一步放大了网络平台的效用，增加了顾客消费的便捷体验。建立以旗舰店为中心的网络电商销售渠道，不断完善网络销售渠道生态，是企业获得良好销售数据的有力保证。

3. 网络平台的实时互动功能，催生出诸多业态

网络实时互动功能，催生出网络直播平台、一对一（实质是一对多）授课平台等业态，很多企业选择将产品投放到直播带货，但是直播带货也不是所有产品都适合。选择适合的销售新方式需要企业管理者不断地研究与创新。

4. 网络平台是企业搜集市场信息的重要渠道

网络销售渠道最大的特点是给了企业与目标客户直接接触的机会，并可以通过销售过程及售后服务直接了解目标客户的需求和对新产品的改进建议，为产品升级提供宝贵的建议和市场数据支持。

因时而动，用网络互联大数据的思维开展销售渠道与市场数据的收集，必然让我们的新产品更加贴近目标客户的需求，新产品也必然点燃市场效应导火索。同时，也需要管理者以新产品研发为中心，不断创新企业销售渠道与销售形式。

关键点提示

利用在线销售渠道有以下好处：

1.通过网络平台发布新产品信息；2.网络平台是企业销售主要渠道；3.网络平台实时互动功能催生出诸多业态；4.网络平台是企业搜集市场信息的重要渠道。

3.8 如何确定中间商的类型

工作场景描述

当企业对中间商的类型进行选择时，可查看。

如果企业使用的是间接式的销售渠道，可以选择不同类型的中间商。总的来说，企业可以选择的中间商类型分为以下三类。

1. 零售商

所谓零售商，指的是销售量主要来自零售的企业。一般来讲，零售商的类型分为以下七种。

（1）百货店。百货店经营多种产品线，通常包括服装、家庭用具和日常用品等。其中，每一条产品线都作为一个独立的部门，由一名进货专家或者商品专家管理。

（2）专业化的商店。专业化的商店经营一条很窄的产品线，但该产品线包括的花色品种较多，如服饰商店、运动用品商店、家具店、花店和书店等。

（3）超级市场。超级市场是一种相对规模较大、成本较低、销售量较高、自助式服务，为满足消费者对食品和家庭日用品的种种需求服务的零售组织。

（4）便利店。便利店主要满足消费者日常生活中所需要的各种食品和非食品类商品方面的全部需要，通常提供诸如干洗、日用品零售等服务。

（5）折扣店。折扣店出售标准的商品，其价格低于一般的商店，毛利较低，销售量较大。真正的折扣店用低价定期销售商品，提供最流行的全国性品牌。折扣零售已经超越一般的商品而进入特殊的商品领域。

（6）廉价的零售店。廉价的零售店购买低于固定批发商价格的商品，并以比零售更低的价格卖给消费者。他们所经营的是过剩的、泛滥的以及不规则的产品。

（7）社区店。社区店相对较小，位于住宅区附近，营业时间较长，并且每天都会营业，经营周转也很快。

一般来讲，零售商可以为企业或者消费者提供以下服务。

（1）为消费者提供有限的服务。因为零售店经营的商品较多，消费者需要较多的信息和服务，因此，零售商可以为消费者提供较多的销售帮助，如退换货服务。

（2）为消费者提供全部的服务。零售店的销售人员可以在消费者的寻找、比较和选择过程中提供帮助。

（3）让消费者实现自我服务。这种服务方式可以应用于许多零售业，对于那些销售方便商品的零售商而言，更加适合。另外，许多消费者也愿意自己来比较和寻找产品，以便节约购买成本。在某种程度上，这种方式也适合于选购品。

（4）让消费者自我选择，也就是让消费者自己寻找所需要的商品。

展望零售业的发展趋势,可以从以下方面来考虑。

(1)出现越来越多的新的零售形式。例如,加油站中开设了食品商店,书店中开设了咖啡屋。这些新的零售形式赚取的利润甚至比其主营业务还要多。

(2)新的零售形式的生命周期越来越短。由于新的零售形式迅速被模仿和很快失去新意,其生命周期越来越短。

(3)零售商正在以其独特的形式和强大的品牌来促销。例如,麦当劳等正在以其高超的大营销战略来赢得越来越多的海外市场。

(4)技术的发展极大地增加了非零售商店的机会。技术的发展使得企业通过多种方式,如电视直销、在线销售等迅速得到销售反馈。同时,技术作为竞争工具,也正变得越来越重要。

(5)营销渠道的管理和计划的专业化程度越来越高。越来越多的零售组织针对各种不同生活方式的消费者群体开设了新形式的商店。

(6)不同类型零售商之间的竞争越来越激烈。连锁超市与小型的、独立的自营商店的竞争成为热点,折扣商店和廉价的零售店也经常为了争夺同一批消费者而进行激烈的竞争。

2. 批发商

批发和零售有如下方面的区别。

(1)批发商的交易对象是商业消费者,而不是最终的消费者,因此他们较少注意促销、市场氛围和店址。

(2)批发交易大于零售交易,批发商所涉及的领域也往往大于零售商所涉及的领域。

批发商的主要类型有以下五种。

(1)商业批发商。商业批发商买下所有经销商品的所有权,然后出售。在不同的行业里,对商业批发商的称呼也有所不同。

(2)完全的服务批发商。完全的服务批发商提供存货、推销、消费者信贷、送货以及协助管理等服务。

(3)有限的服务批发商。该类批发商向供应者和消费者提供极少的服务。

（4）经纪人和代理人。经纪人和代理人不拥有商品、工业品所有权，并且执行有限的几个功能。其主要功能就是促进买卖。

（5）制造商与零售商的分部和营业所。销售分部和营业所是制造商为了加强存货控制、改进销售和促销工作而设立的销售组织。

批发商也和制造商一样，面临着激烈的市场竞争，他们也必须制订合适的战略对策来应付竞争。就是说，他们必须在目标市场、产品的品种和服务、定价、促销以及销售地点等方面改进战略决策。批发商必须在以下方面做出营销决策。

（1）明确自己的目标市场。批发商应该明确自己的目标市场，而不可能为每一个人都提供服务。企业可以按照消费者的规模和类型、所需要的服务等选择一个目标客户群。在这个目标客户群里，批发商可以找出较有利的消费者，设计有力的供应物，并且和消费者建立起友好的关系。

（2）对产品和服务的安排。批发商的产品指的是他们所代售的产品。批发商所代售的产品，花色品种必须齐全，并且要备有充足的库存，以便应对不时之需。但是如果库存积压太多又可能影响到盈利，所以究竟应该经营多少品种成为批发商十分关注的问题。同时，在与客户打交道的过程中，究竟为客户提供哪种服务最为重要，哪些服务是可以取消的，也是值得批发商研究的问题。

（3）批发商的促销决策。大多数批发商主要依赖其销售人员获得促销目标，并且习惯于将推销看作销售员与客户之间的一对一交谈，而不是协同努力。对于非人员促销，批发商则需要发展一个整体的促销战略，如贸易广告、销售促进、公共宣传等。

（4）批发商的定价决策。批发商通常在货物的成本上，按照传统的比例加成来弥补损失。现在，许多批发商正在试用新的定价方法，如通过减少毛利的方式来赢得重要的客户。

（5）批发商的地点决策。批发商对地点的考虑比零售商要相对少一些，一般将地点设在租金低廉、征税较少的地段，也不会在物资设备上花费太多。

今天，许多批发商通过开发自动化仓库缩短了货物的处理过程，降低了成本。同时，他们借助先进的信息系统，提高了自身的供应能力。随着市场竞争速度的加快，批发商面临着以下挑战。

（1）制造商可以越过批发商的选择权，或者用更加积极主动的批发商来取代那些效率低下的批发商。

（2）大型的制造商有可能和零售商联合起来转向直接购买，使得批发商面临出局的危险。

许多批发商早已认识到他们面临的挑战，并且率先开始进行自身业务的重组。大多数成功的批发商已经认识到不必增加渠道的价值，而是通过投资更多的先进材料处理技术和信息系统来减少其运作成本。

综上所述，企业可以选择的中间商分为批发商和零售商两大类，除此以外，还有诸如增值转售商、系统集成商、店类经销商以及店外经销商等新的中间商类型。

关键点提示

中间商的类型有以下三种：

1.零售商；2.批发商；3.其他类型的中间商。

3.9 如何制订正确的物流策略

工作场景描述

当企业想要提高物流质量时，可查看。

解读与分析

产品由企业到达客户手中，不仅有所有权的转移，而且要经过订货、运输、装卸、仓储、存货等活动，以便实现产品实体的空间转移。在这一过程中，企业为了降低成本，增强竞争实力，往往要制订出正确的物流策略，为消费者提供优质的服务。

为了制订出较为正确的物流策略，企业需要考虑以下四个关键性的因素。

1. 物流的职能

物流的职能就是将产品由生产的地点转移到消费的地点，也就是说，是将产品从一个地点转移到另一个地点,在转移的过程中包含了产品的运输、保管、装卸、包装以及开展这些活动过程中的信息传播。

2. 物流的任务

物流的任务包括原料以及最终产品从起点到最终使用地点或者消费点的实体移动的规划与执行,并在取得一定利润的前提下满足消费者的需求。

3. 物流的成本

一般来讲,物流的成本可以看作以下几项成本的综合成本:一是总的运输成本;二是总的固定仓储成本;三是总的变动仓储成本;四是因为延迟销售而导致的销售损失的总的机会成本。

企业选择和设计物流系统时,一定要充分考虑各项成本,然后制订出使得物流系统总成本最低的物流策略。

4. 物流中的运输和存储策略

由于物流系统中最重要的是运输和仓储,因此重点介绍一下运输和仓储的策略。

企业可以采取的运输策略一般包括以下六种。

(1)铁路。铁路运输是企业较常使用的运输方式。

铁路运输的主要优点在于:

①运输量大,可以用来整车装运大宗的散装产品;

②运输费用较低;

③适合体积大、比较笨重以及价值较低产品的长距离运输。

铁路运输的主要缺点在于:

①运输速度比较慢,不能灵活地适应市场的需要;

②不能紧跟现代化服务的要求,实行门到门服务。

(2)水路。水路运输主要包括轮船运输、沿海驳船以及内陆水路驳船运输。

水路运输的优点在于:

①运输量大;

②运输成本较低;

③适合运输体积较大、价值低,并且不容易腐烂的产品。

新产品运营管理常见问题清单

水路运输的缺点在于：

①对运输的配套条件有一定的要求，如要求具备相应的码头；

②运输速度较慢；

③较易受到气候条件的影响。

（3）公路。公路运输是最常见的运输方式，运输工具非常容易找到。

公路运输的主要优点在于：

①运输速度快；

②运输形式灵活，可以挨家挨户送货上门；

③比起铁路运输，可以节约卸货时间。

公路运输的主要缺点在于：

①运量十分有限；

②运费较高。

（4）航空。航空运输是运输方式中速度最快的一种。

航空运输的优点在于：

①运输速度极快；

②比较适合运送轻质的物品。

航空运输的缺点在于：一次运量有限，运费昂贵。

（5）管道。管道运输是一种专门由产地向所需要的市场输送专一产品的运输方式。在我国的石油、天然气及煤气等领域，多采用管道运输的方式。其优点在于安全性强。

铁路运输、水路运输和公路运输都可用集装箱。

由于不同的运输方式，其成本会随着时间的推移而发生变化。而且，各种运输方式之间有着错综复杂的关系。因此，企业在选择产品的运输策略时，要综合考虑各种运输方式的优缺点、存货水平以及成本情况，综合利用各种运输方式，实现物流配送上低成本、高速度的目标。

为了保证社会再生产的顺利进行，也为了满足消费者的需求，企业必须保持一定数量的产品储存。

一般来讲，产品的储存策略主要从以下两方面来考虑。

（1）仓库的合理选择。在选择仓库地址的时候，企业应该考虑以下问题：

①选择的仓库地址一定要有利于增加企业的经济效益；

②需要考虑每个消费者的地址和所需要的运输总数量；

③要在消费者服务水平和销售成本之间来平衡仓库的数量。

（2）严格控制好存货水平。存货水平的高低与消费者的需求相关。如果存货水平太高，甚至大大高出消费者的消费需求，不但会增加成本，而且会降低经济效益。如果存货水平太低，则无法满足消费者的需求，并可能使供应中断。

综上所述，为了制订出正确的物流策略，企业需要综合考虑以上各种因素。

关键点提示

制订出较为正确的物流策略需要考虑的因素是：

1.物流的职能；2.物流的任务；3.物流的成本；4.物流中的运输和存储策略。

3.10 如何利用包装突出品牌

工作场景描述

当市场竞争激烈，需要企业突出新产品的品牌优势时，可查看。

解读与分析

新产品成功推出的时候，必须要有引人注目的包装。目前市场上，包装已经成为一种强有力的营销手段。成功而有特色的包装不仅能够使品牌的特性凸显出来，还有可能起到很好的品牌宣传作用。

1. 产品设计包装的用途

（1）起到很好的分辨作用。如果产品在功能上与其他产品有相似之处，与竞争对手的产品不易区别,就可以利用包装来突出产品的特性。

(2)增加产品的外在吸引力。有时候,消费者会出于对包装的喜爱而买下产品,因此产品借助包装能够达到促进销售的目的。

(3)给消费者提供方便。例如,有些产品在包装袋上使用简易的拉链或结实的手环,这一改进措施就能够给购买量比较大和购买物比较散的消费者提供极大的方便。

(4)避免运输时的损坏。材料较为结实耐用的包装,能够在运输途中很好地保护产品,使产品完好无损地到达用户手中。

2. 产品设计包装在营销领域运用的影响因素

在以下多种因素共同发挥作用的情况下,包装已逐渐从产品的附属物发展为营销手段之一。

(1)消费者收入的提高。随着消费者收入的提高,消费者对产品的要求不仅仅局限于能够为自己带来基本需求,而是不断追求更高层次需求的满足。因此,他们愿意为良好的产品包装所带来的携带方便、外观大方、可靠性强以及高声望等附加价值而支付更高的价格。

(2)自助消费形式的出现。随着越来越多的产品在线上销售,购买者几乎每分钟就能够浏览300个项目。在消费者对众多产品快速浏览、比较的过程中,包装就相当于打了几分钟的广告。这就要求包装必须执行诸多的推销任务。例如,它要有醒目的特点,能够吸引消费者的眼球,说明产品的特色,最重要的是能够给消费者以充分的购买信心,给消费者形成整体效果良好的印象。

(3)对企业和品牌形象日益重视。越来越多的企业已经意识到一个好的包装能够发挥巨大的作用,能够使消费者迅速辨认出该企业及其产品品牌的名称,这就相当于以非常高的关注度为企业及其品牌打出广告。

(4)对包装的创新需求。包装的创新不仅能够给消费者带来较大的好处,也能够为企业带来巨额利润。

3. 如何为新产品制订有效的包装策略

(1)明确包装的概念。通过对包装概念的澄清,企业能够确定包装究竟是什么物质,或者说包装究竟能够对一种特定的产品起什么作用。

（2）确定包装的各种要素。具体如下：

①包装物的大小，如采用多种产品的集束包装，还是单个产品的小体积包装；

②包装物的形状，如采用比较传统的正方、正圆的包装形式，还是比较前卫的、多棱角的形状；

③包装物的材料，如采用玻璃纸或其他环保型的新材料；

④包装物的色彩，如采用比较单一的色彩，还是多种颜色的综合体；

⑤包装物的文字说明，如采用大量的文字说明，还是仅仅使用少量的文字说明；

⑥包装物的品牌标记。包装物的各种要素必须相互协调，并且接受多次的检验才能正式采用。同时，包装的各种要素必须与定价、广告及其他营销要素相一致。

（3）对包装进行功能测试。包装设计好之后，必须对其进行一系列的功能测试。例如，经过机械打磨来测试包装能否经得起磨损。

（4）对包装进行视觉测试。可以让企业的生产人员、营销人员，甚至是消费者对包装进行一系列的视觉测试，以保证包装上字迹清楚、色彩搭配协调。

（5）对包装进行经销商测试。对包装进行经销商测试，是为了让经销商能够发现包装的吸引力。

（6）对包装进行消费者测试。这是对包装进行测试最为关键和重要的阶段。通过对包装的一系列消费者测试，可以保证产品赢得良好的市场反应。

虽然产品的包装策略经过以上一系列细致的步骤，但这并不等于企业已经完成关于包装的所有方面的决策，它还应该对包装的环境和安全问题加以关注。目前，许多企业已经开展了"绿色包装运动"。另外，企业也应该充分重视包装费用的安排，因为设计良好的包装可能要花费企业一笔相当大的资金。企业应当从经济核算的角度出发，来确定包装的材料、规格及形状等因素。

关键点提示

为新产品制订有效的包装策略，有以下六个步骤：

1.明确包装的概念；2.确定包装的各种要素；3.对包装进行功能测试；4.对包装进行视觉测试；5.对包装进行经销商测试；6.对包装进行消费者测试。

3.11 如何利用标签突出品牌

> **工作场景描述**
> 当市场竞争激烈，企业需要突出新产品的品牌优势时，可查看。

解读与分析

就像企业的营销人员必须为产品设计包装一样，企业的营销人员也必须为产品设计标签。标签既可以是附在产品上的简易签条，也可以是企业精心设计的，可以作为包装的一部分的图案。标签既可能仅有品牌名称，也可能有许多附加信息。实际上，标签能够发挥以下四种功能。

1. 帮助消费者迅速识别产品和品牌

例如，在饮料瓶上标示该饮料的品牌名，使得消费者能够在较短的时间内识别出该标签所代表的产品。

2. 将产品按照等级来分等

例如，一些罐装产品的标签通常都会标上A级、B级或者C级，用来区分产品的等级。

3. 传达有关产品的一系列信息

例如，标签有可能包含产品的生产厂家、生产地点、生产时间、使用方法以及使用过程中的安全措施等一系列相关信息，使消费者对产品有更多的了解，增加其购买信心。

4. 起到宣传产品的作用

如果给标签选择比较鲜艳炫目的色彩，并辅以吸引人的图案，就能够使标签起到推广企业新产品的作用。

标签和产品本身一样，都需要进行定期维护。因为经过一段时间，老的品牌可能不再给消费者带来新鲜感，也就难以刺激消费者的购买欲望。随着生活水平的提高以及生活品位的提升，消费者也对标签提出更高的要求，如增加出厂日期、单位价格、等级标记等。

正是由于标签传递着商业化的产品信息，标签无疑会受到各地法律规章的束缚。有时候，消费者可能会比较喜欢简单一点的标签，但是法律有可能会规定标签必须要有附加的信息。有的国家甚至通过一系列有关标签的法律法规对标签进行强制性的规定，鼓励标签使用的国际标准化，一些带有误导倾向的标签甚至会引起法律诉讼。

综上所述，企业可以灵活有效地、有针对性地对标签的功能加以利用，从而很好地突出品牌的特色。

关键点提示

标签能够发挥以下四种功能：

1.帮助消费者迅速识别产品和品牌；2.将产品按照等级来分等；3.传达有关产品的一系列信息；4.起到宣传产品的作用。

3.12　如何编制新产品的广告预算

工作场景描述

当企业初步估测广告支出的可控、不可控因素时，可查看。

解读与分析

新产品的广告开支必须恰当，因为如果企业的广告开支过低，新产品的宣传将会收效甚微；如果企业在广告方面的开支过高，又会造成资金浪费和产品成本的上升。一般来讲，企业在编制新产品的广告预算时，要考虑以下制约因素。

1. 受产品生命周期的制约

对新产品来讲，为了建立知名度，新产品需要试销，此时企业就需要花费较大数量的广告预算。对已经建立起产品的知名度、处于市场成熟期的企业来讲，其广告预算在产品的销售额中所占的比例通常都比较低。

2. 受产品市场份额的制约

一般来讲，市场份额高的产品，企业只需要维持其市场份额，广告预算在销售份额中所占的比例较少。对于那些市场份额较少的产品，则需要花费大量的广告费用，以便达到增加产品市场份额的目的。

3. 受产品类别的制约

如果一种品牌的产品与其他品牌的产品属于同一类别，企业就必须花费大量的广告经费来宣传该产品，以建立有差别的产品形象。

4. 受广告频率的制约

如果一种产品需要比其他产品宣传力度更大，才能起到较好的广告效果时，该产品的广告预算费用自然要高一些。

5. 受竞争因素的制约

在一个竞争激烈的市场中，因为企业要与众多竞争者周旋，所以必须加大广告宣传力度，这时就需要企业拨出较大数额的广告预算。

6. 受环境的干扰

如果环境的干扰成分比较大，企业也必须制作大量的广告，让企业产品的宣传声音高过市场的干扰声音，从而使消费者能够听得见。

除了以上制约因素外，广告的时滞性也是企业必须考虑的因素。所谓广告的时滞性，指的是广告从开始宣传到效果凸显，有一段时间的延期效应。广告不会在打出的同时就收到立竿见影的效果，必须经过一段时间的市场适应，才能逐渐为消费者了解和熟悉。但广告的时滞性并不影响其费用的摊派，因为产品的广告预算一般是要在广告播出之前一次性划拨出去的。

> **关键点提示**
>
> 当编制新产品的广告预算时，企业要考虑以下六种制约因素：
> 1.受产品生命周期的制约；2.受产品市场份额的制约；3.受产品类别的制约；
> 4.受广告频率的制约；5.受竞争因素的制约；6.受环境的干扰。

3.13 如何做好广告媒体的选择

> **工作场景描述**
> 当企业综合利用各种媒体，让广告效果达到最优时，可查看。

解读与分析

企业在对新产品进行广告宣传的策划时，必须慎重考虑对媒体的选择，因为对新产品来讲，选择不同的媒体，其宣传效果会大不相同。媒体的选择受到发行量、目标受众、有效受众以及接触广告的有效受众等诸多方面的影响。

1. 目标受众对媒体的接受习惯

目标消费者对媒体的选择随着科技的发展而不断变化，尤其年轻人对媒体的科技参与度反应更加敏锐，如从电视媒体到网络媒体，年轻人一直在引领媒体的变革。另外，不同的媒体受众也存在差异，比如中老年受众更倾向于电视媒体，中青年受众更倾向于网络媒体。对不同媒体的受众群体要做深入研究。如在飞机上，面对高端客户、商旅客户，在飞机舱室内更适合杂志等平面媒体。

2. 产品的不同特性

产品特性对媒体的选择，尤其广告呈现形式起到决定因素。如手机游戏需要投放到网络媒体，消费者可以瞬间点击，即时体验，这对广告的有效率有很直观的影响。

3. 广告的内容

时下信息碎片化，受众对一项内容的关注度也在不断缩短，要想让企业的广告短而有效，在策划广告内容时，就需要精准了解目标受众的内心需求，以使受众内心需求与新产品完美切合。

4. 媒体费用

一般来讲，媒体费用与运营成本、受众流量等密切相关。企业通常可以选择的媒体类型主要有以下几类。

（1）广播媒体。网络媒体盛行的今天，广播依然有着相当广的受众群体，如交通广播，媒体受众呈现小众化、细分化的特点。广播媒体的特点是收费较低，不受时空限制，只有声音，没有图像，且不具有延时性。

（2）电视媒体。电视媒体虽然受到网络媒体的实质性冲击，但是对于中老年受众来说，依然是闲暇时必然选择的娱乐项目之一。电视媒体对受众建立了从视觉、听觉、现场气氛等立体式的可感影响，极富感染力，受众对广告是被动接受且稳定、持久。

（3）报纸、杂志等平面媒体。平面媒体只在特定时空下可以引起目标受众的关注，如火车上、飞机机舱内、客轮上等。

（4）户外广告。采用户外广告的形式进行产品的宣传，灵活度较高，展露的时间也较长，成本较低。但是这种形式的缺陷在于，其受众有很大的盲目性，而且其创意也有很大的局限性。

（5）网络媒体。利用网络平台与受众形成良性的互动。网络媒体具有覆盖面广、受众被动观看、可重复播放的特点。但是因不同网络平台的流量不同，广告效果也是大相径庭。

综上所述，企业可以选择的媒体形式是多种多样的，而且随着科技的进步，还会出现越来越多的媒介宣传形式，例如数字化的杂志、交互式的电视、按需传真等。

> **关键点提示**
>
> 可供企业选择进行广告宣传的媒体类型有以下五类：
> 1.广播媒体；2.电视媒体；3.平面广告媒体；4.户外广告媒体；5.网络媒体。

3.14 如何合理安排媒体的播出时间

> **工作场景描述**
>
> 当企业力图使尽量多的人关注产品的广告时，可查看。

解读与分析

一旦选定了媒体，企业的决策人员就应该进一步决定如何安排媒体的播出时间。通常情况下，对于媒体的播出时间，有一个总的安排时间和具体的安排时间合理搭配的问题。

所谓总的安排时间，指的是企业必须根据季节变化和预期经济发展状况来安排某一时期（一般为一年）的广告。所谓具体的时间安排，指的是企业在各个比较短的时期内按照具体的实施环节来安排广告的时间。通常，企业可以按照时间变化来安排广告支出，也可以按照季节变化来反向调整广告的支出，或者分期平摊全年的广告费用。同时，适时把握好广告的时机，使得企业能够在最恰当的时间推出品牌。根据库恩的时机模型，广告的正确时机取决于广告延续力和消费者选择产品的习惯行为。

1. 广告延续力

所谓广告延续力，指的是广告打出的作用会随着时间的推移而逐渐衰退的速率。例如，每月0.5的广告延续力就是指本月的广告效果只有上月广告影响力的50%。如果某项产品的广告延续力相当低，企业就不应该在该项产品上花费过多的广告费用，或者应该改变对该项产品的宣传方式。

2. 消费者选择产品的习惯行为

消费者选择产品的习惯行为是指和广告水平无关的品牌延伸购买会有多少份额。例如80%的习惯性购买，指的是有80%的消费者会重复购买该产品。企业应该掌握消费者的消费习惯，对那些消费者的习惯性购买率高的产品应给予充分的关注。

除了以上影响因素外，广告的时机还受购买者的流动率、购买者的频率，以及消费者的遗忘率等制约。

3. 购买者的流动率

购买者的流动率是指新的消费者在市场上出现的速率。对企业而言，应该在购买者的流动率最高的时间抢准时机打出广告。购买者的流动率越高，广告越应该连续不断地打出。

4. 购买者的频率

购买者的频率指的是在某一段时期，购买者平均购买产品的次数。如果消费者对某种产品的购买频率在某段时间内明显增加，企业就应该对这种产品给予充分的重视。通常情况下，购买的频率越高，广告越应该连续不断地进行下去。

5. 购买者的遗忘率

所谓购买者的遗忘率，指的是购买者遗忘某种产品的速率。企业应该明确在那些购买者遗忘率高的产品上多花一些心思。一般来讲，购买者对产品的遗忘率越高，广告越应该连续不断地进行下去。

另外，企业在决定媒体的安排时间时，还必须在广告的连续性、广告的集中性、广告的时段性以及广告的节奏性中做出一种或者几种选择。

6. 广告的连续性

广告的连续性是指在一定的时期均匀安排产品广告的展示时间，但这种方式的广告成本较高，由于销售量随着季节的变化而发生变化，因此广告也很难保持其连续性。

7. 广告的集中性

广告的集中性是指将所有的广告经费集中在某一段时间，一并用于产品的宣传上。这种方式比较适合在节假日对产品进行促销时采用。

8. 广告的时段性

广告的时段性是指在间歇情况下进行的不连续的广告宣传。如果企业的宣传经费有限，销售的是季节性的产品，或者消费者对产品的购买周期不是很频繁，可以采用这种时段性的广告方式。

9. 广告的节奏性

所谓广告的节奏性，指广告活动是连续性而不是间歇性的，但是各个连续性的活动规模和经费都是按照比较平均的水平来分摊，没有采取某项特别重大的广告宣传活动来加强其宣传攻势的行为。这种形式是一种折中的方法，它吸收了连续性广告和间歇性广告的长处。节奏性的广告时间安排方式，可以使受众更透彻地了解广告所要传达的信息，而且可以适当降低产品的成本。

综上所述，企业可以根据以上各种因素，来制订出合理的媒体安排时间表，有条不紊地进行产品的广告宣传。

> **关键点提示**
>
> 影响媒体广告安排时间的因素有以下九种：
> 1.广告延续力；2.消费者选择产品的习惯行为；3.购买者的流动率；4.购买者的频率；5.购买者的遗忘率；6.广告的连续性；7.广告的集中性；8.广告的时段性；9.广告的节奏性。

3.15 如何做好广告效果的评估

> **工作场景描述**
> 当企业需要新产品广告的反馈效果时，可查看。

所谓广告效果的评估，指的是运用科学的方法评价企业为新产品打出的各种广告所产生的效益。它是完整的广告活动中不可或缺的部分。企业应该充分重视这种建立在反馈信息基础上的效果的评估，因为对广告效果进行正确的评估，有利于企业降低广告费用，提高广告效益，从而进一步制订出更加完善的广告策略。一般来讲，广告效果的评估可以采取以下两种方法。

1. 直接评估法

运用直接评估法可以借助以下三种方式。

（1）评分法。这种测试的方式要求消费者对广告依次打分，评分指标通常包括广告对消费者的吸引力、广告的可读性、广告的明确度以及广告能够激起消费者购买行为的程度等内容。例如，可以通过以下的问卷形式来进行：

广告效果	评分区间					
劣等的广告	0	20	40	60	80	100
平庸的广告	0	20	40	60	80	100
一般的广告	0	20	40	60	80	100
好的广告	0	20	40	60	80	100
优秀的广告	0	20	40	60	80	100

（2）现场测试法。运用这种测试法，可以让部分消费者观看一组广告，不限时间，看完后测试他们对于广告片的记忆情况。在这一过程中，测试人员不能对消费者进行任何提示。通过这种测试，能够了解什么样的广告形式和内容是突出的，且消费者更容易读懂。

（3）实验测试法。实验测试法指的是测试人员利用仪器测量消费者对广告的生理反应情况。如果消费者对一则广告的反应相当强烈，如能够引起其心跳加快、血压升高等，就表明这则广告的效果比较明显。但是这种测试方法只能够测试出广告对消费者的吸引力，却无法测试出消费者的态度、信任度等真实的心理活动。

2. 间接评估法

所谓间接评估法，指的不是从该广告直接反应的情况，而是从其他方面来测试广告效果的方法。一般来讲，企业都会选择广告对产品销售额的影响情况来评估广告的效果。那么，企业如何根据销售情况来评估广告效果，可以通过以下方式进行。

（1）利用广告的有效率公式。广告的有效率是用某企业所有产品的市场份额或者某种产品的全部市场份额除以广告费率得出的结果。广告费率，指的是该企业的广告费用占整个行业广告费用总额的比率。如果广告的有效率高，说明企业在广告上花费的效率高，该企业可以考虑增加宣传费用。

举例来讲，假设有四家企业同时在销售同一种产品，其广告费用、广告费率以及市场份额的情况如下：

四家企业的广告费用、广告费率以及市场份额的分摊情况

企业	广告费用（元）	广告费率	市场份额
甲	400	40%	30%
乙	300	30%	10%
丙	200	20%	20%
丁	100	10%	40%
合计	1 000	100%	100%

根据广告有效率的公式，对于企业甲来讲，其广告的有效率应为30%/40%=0.75，其他企业依次为0.33、1、4。由此可见，企业丁的广告有效率最高，企业乙的有效率最低。这说明企业丁的广告宣传效果好，该企业可以适当增加其广告投入。企业乙的广告宣传效果差，该企业应该考虑改变广告策略，或者干脆抽调出部分广告费用。

（2）历史统计法。例如，可以通过计算一段时期内广告支出对销售的影响，来评测这一段时间的广告对企业产品销售的影响情况。也许在较短的时间内某产品广告的影响力不会太明显，但从长期来看，却有可能使得企业的销售收入得到大幅度的提高。

（3）实验评估法。这种方法是将企业的所有销售区域按照不同的市场份额进行人为划分，再将所有的广告费用按照划分的销售区域分成多寡不均但比例大致相同的数目，最后将广告费用同时投放到各种销售区域，观察不同的广告费用所产生的效果。如果广告费用高的地区销售额呈现增长的趋势，说明广告的宣传起到积极的作用；如果广告费用高的地区销售额呈现下降趋势，则说明该广告的宣传不但没有起到企业所期待的积极作用，反倒给企业的产品造成一定的负面影响。

总的来说，间接评估法比直接评估法更难以评估广告效果。因为除了广告的因素外，间接评估法还受到其他因素的影响。例如，销售还受到产品的特色、价格等因素的影响。只有当其他影响因素比较少、比较好控制的时候，广告对于间接评估法的影响才会明显、准确一些。

综上所述，企业可以运用直接评估法和间接评估法来评估广告的效果，但企业具体采用哪种方式则应依具体情况而定，在需要时也应采取多种方式，综合使用，从而使测定效果更准确。

新产品运营管理常见问题清单

关键点提示

评估广告效果的方法有以下六种:

1.评分法;2.现场测试法;3.实验测试法;4.利用广告的有效率公式;5.历史统计法;6.实验评估法。